갑자기 육아 휴직을
쓰게 되었습니다

갑자기 육아 휴직을 쓰게 되었습니다

#행복아, 따복아 사랑한다!

남유복 지음

이담북스

contents

집

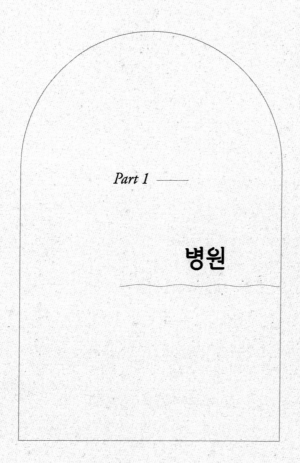

Part 1 ———

병원

1
새벽 진통

안방에서 자던 행복이가 내 방문을 열고 소리쳤다.

"으으… 여보 어서 일어나! 양수가 터진 거 같아! 빨리 병원 가야 해!"

따복이가 출산 예정일보다 2주 빨리 세상으로 나오고 싶었던 모양이다.

서둘러 산후조리용품을 모아 둔 캐리어를 챙겼다.
그리고 행복이를 부축하여 지하 주차장으로 내려갔다.

운전 경력이 많지 않았던지라, 행복이를 차에 태우면서부터 손이 벌벌 떨리고 있었다.

집 근처 여성병원에 도착하여,

응급 벨을 누르고 3층 분만실로 행복이를 부축해서 올라갔다.

진통이 심했던지 행복이는 분만실 B 간호사한테

바로 제왕절개 수술을 하고 싶다는 얘기부터 했다.

"으윽! 못 견디겠어요!

제왕절개할게요!"

그러나 B 간호사는 자연분만을 권하였다.

"자연분만이 제왕절개보다 훨씬 회복이 빠릅니다!

그리고 다들 처음에는 제왕절개로 하자고 말하세요."

행복이는 아무 말도 못 하고, 가만히 배만 움켜쥐고 있었다.

'......'

B 간호사는 행복이와 눈을 마주치면서 계속해서 설득을 이어 나갔다.

"저희는 매번 이런 상황을 겪기 때문에,

6번 넘게 말씀하셔도 눈 하나 깜짝 안 합니다!"

그렇게 B 간호사의 설득은 어느덧 5분을 넘기고 있었다.

망설이던 행복이는 결국 제왕절개가 아닌 자연분만을 택하고야 말았다.

"으윽! 알았어요!

자연분만으로 할게요!"

그렇게 행복이는 B 간호사와 먼저 분만실로 들어갔고,

나는 잠시 대기실 의자에 앉아 기다리게 되었다.

대기실에는 나 말고도 한 사람 더 있었는데, 낯빛이 그야말로 사색이었다.

그 사람은 애써 웃으며, 먼저 인사를 건넸다.

"안녕하세요… 다 잘될 겁니다…"

동질감이 느껴지는 한마디였다.(덕분에 불안한 마음이 조금 가라앉았다.)

"네… 파이팅입니다!"

그 말이 채 다 끝나기도 전에,

분만실 자동문이 스르륵 열리더니, B 간호사가 나왔다.

그리고 옆에 있던 그 사람에게 응급상황을 알렸다.

"지금 산모님이 응급 수술이 필요하십니다!

여기 말고 대학병원으로 가셔야 해요!"

옆에서 듣고 있자니, 가라앉았던 불안감이 다시 증폭되기 시작했다.

결국 그 사람은 자기 아내와 함께 대학병원으로 가기 위해 그 자리를 떠났다.

B 간호사가 다시 분만실로 들어가려고 하자, 난 황급히 달려가서 안의 상황을 물어보았다.
"우리 아내는 문제 없습니까?"

B 간호사의 대답은 담담했다.
"네, 산모님은 자연분만 준비 다 되셨습니다."

그럼에도 당장이라도 분만실로 뛰어들어가 행복이의 상태를 확인해 보고 싶었다.
"저 혹시 분만실에는 언제 들어갈 수 있나요?"

B 간호사는 조금 더 기다릴 것을 요청했다.
"산모님이 무통 주사를 맞으시면, 분만실로 들어가도 되시니까요. 조금만 더 기다려 주시겠어요?"

무통 주사 시술을 기다리는 내내 정말이지 너무나 초조했다.

시간을 보니 어느덧 출근 시간이 가까워지고 있었다. 그래서 직장 단톡방에 현 상황을 알리게 되었다.

건설업 종사자의 출근 시간은 남들보다 원래 2시간 정도 빠르다.

우리나라 대부분의 건설사 문화는 육아 관련 일에 관대하지 않았다.

우리 회사 역시 남성 직원의 육아휴직을 생소하게 여겼다.
(다들 '최초 남성 육아휴직 케이스' = '시범 케이스'라고 이야기하곤 했다.)

실제로 몇몇 직장 동료는 육아휴직 예정자인 나를 탐탁지 않아 했으며, 나에게 상당한 업무적 도움을 받았던 Y계장조차도 육아휴직은 곧 장기휴가를 떠나는 것이라고 생각했다.

〈회상 인물〉: Y 계장
"형은 쉬러 가는 거잖아요!
저한테 인수인계 부탁하지 마세요!"

며칠 전 배 뭉침으로 인해 행복이가 병원에 입원했을 정도로 갑작스런 진통이 올 수도 있는 시기였기 때문에, 사전 인수인계는 최대한 빨리 진행돼야만 했다.

그러나 당연하게도(?) 인수인계를 흔쾌히 받아주는 인원은 단 한 사람도 없었다.

설상가상으로 건설 경기 불황으로 인한 인력 감축….

이런 상황에서 단톡방 공지 글을 작성하는 내내 정말 마음이 너무나도 심란했다.
"출산을 위해 병원에 와 있습니다.
현재 양수가 터졌으며, 20% 정도 출산 진행 중에 있습니다…."

잠시 후, 마취과 의사 선생님이 분만실에서 나오셨다.
(무통 시술이 끝났다.)

나도 모르게 의사 선생님께 감사 인사를 드렸다.
"새벽에 나와 주셔서 감사합니다…."

마취과 선생님은 방긋 미소를 지으시더니 다시 퇴근을 하셨다.

분만실로 들어가 보니, 극심한 진통을 힘겹게 견디고 있는 행복이가 보였다.

"아악! 으으…"

분만 침대로 다가가서 행복이의 손을 꼭 잡아 주었다.
"당신은 할 수 있어!"

B 간호사도 열렬히 응원해 주었다.
"산모님, 파이팅!
무통 효과는 조금 있으면 나타날 거고요.
그러면 무통 천국을 경험하시게 될 겁니다.
할 수 있어요! 파이팅!"

다행히 행복이는 무통을 잘 받는 체질이었고,
자궁수축 강도 90을 넘겨도 괜찮아 보였다.
"아… 이제 좀 견딜 만한 것 같아…
아까는 정말이지 아… 너무 아팠어…."

(분만실에는 심박 및 진통 주기 체크 기기가 있다.)

하지만 어쩐 일인지 갑자기 자궁수축 게이지가 줄어들기 시작했다.

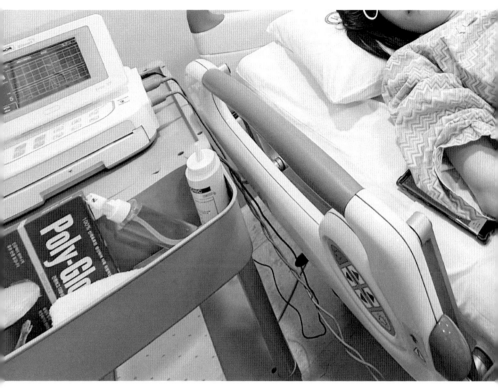

무통 천국을 경험 중인 행복이

(자궁 수축이 원활해야 분만이 순탄히 진행된다. 무통 주사의 역효과였다.)

상황이 이렇게 되니, 결국 분만 촉진제(옥시토신)까지
추가로 투입할 수밖에 없었다.

그러나 이마저도 투입 초기에만 효과가 있을 뿐,
자궁수축은 더 이상 일어나지 않았다.

그래서 우리는 이러지도 저러지도 못하는 난감한 상황 속에서,
자궁수축이 오기만을 간절하게 기다릴 수밖에 없었다.

오전 8시 반, 담당 의사 선생님이 분만실로 찾아오셨다.

선생님은 곧바로 옥시토신 투입을 중단시키셨다.
"D 간호사! 아기 심장박동이 느려지니깐 옥시토신 빼버려라!
그리고 오전 근무 종료시각까지 아기 안 나오면, 문제 생긴다이!"

그 말을 듣자 "문제가 생긴다"만 머리에서 계속 맴돌게 되었다.
'문제?!
대체 무슨 문제가 생긴다는 거지?!'

2

자연분만

📅 2024.01.19 오전 8시 30분

착잡한 마음에 심각한 표정으로 담당의를 바라보았다.

의사 선생님은 현 상황을 자세히 말씀해 주셨다.
"일찍 양수가 터지는 바람에 탯줄이 눌리는 상황이라…
정오까지 자연분만 안 되면, 제왕절개를 해야 됩니다…"

정말이지 눈물이 났다.
너무나 간절한 마음에 나도 모르게 두 손을 모았다.
'우리 행복이가 그만 힘들었으면 좋겠는데…
아기가 얼른 나올 수 있도록 도와주세요…'

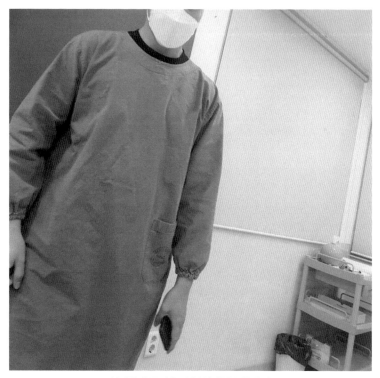

분만실에 들어온 남유복(이행복 촬영본)

이어서 의사 선생님의 팩트가 날아왔다.

"지금 남편 분이 할 수 있는 건 아무것도 없어요.

산모가 현 상황을 이겨낼 수 있도록, 옆에 있어 주는 거 그것뿐입니다."

분만 시간은 계속해서 지체되었고,

간호사 서너 명이 분만실로 우르르 들어오기까지 했다.

"산모님! 힘 좀 줘 보실게요!"

"똥 싸는 것처럼 배에 힘을 줘보세요! 힘!"

"힘주셔야 해요!"

급기야 나는 분만실에서 나오게 되었다.

"보호자 분은 대기실로 잠깐 가 있으실게요!"

대기실로 가는 동안 스스로에게 너무도 화가 났다.

(아무것도 할 수 없는 상황이 그저 답답하기만 했다.)

그러다 어머니께 전화를 드리게 되었는데…

"어머니… 새벽에 갑자기 양수가 터지는 바람에…

행복이 데리고 병원에 왔어요…."

어머니는 현 상황에 대한 깊은 공감을 해주셨다.

"아이고… 양수가 먼저 터졌으면 정말 고생인데…

내가 너 낳을 때도 양수가 먼저 터져서 시간이 오래 걸렸다… 아이고…."

그러시곤 바로 동생 상견례(?)에 대해 말씀하셨다.
"그래 아들! 근데 내일이 니 동생 상견례인 거 알지?
일단 오늘은 새아기가 출산했으니 잘 챙겨주고,
내일 상견례는 꼭 참석했으면 좋겠다."

그때 D 간호사가 대기실로 들어왔다.
"이행복 보호자님, 분만실로 들어가실게요."

그렇게 어머니와의 통화는 급하게 종료되었고,
"어머니… 지금 다시 분만실에 들어가 봐야 되어서…
나중에 연락드릴게요."

D 간호사를 따라 분만실로 들어가게 되었다.
'우리 행복이… 정말 고생했네…
따복이를 보는 건가….'

하지만 어쩐 일인지 분만실에는 의사 선생님도 간호사도 없이,
행복이 혼자 안간힘을 쓰고 있었다…!
"흐흑… 흐흑…"

D 간호사는 다리 붙잡는 법을 내게 알려주고는 밖으로 나가버렸다.
"산모님 다리를 양쪽으로 이렇게 잡고 계시면 되고요.
진통이 올 때마다 힘주라고 얘기하시면 됩니다."

행복이는 악으로 깡으로 계속해서 힘을 주었지만,
분만이 진행될 기미는 전혀 보이지 않았다.

더 이상 지체하면 산모가 위험한 상황!
행복이에게 자연분만을 포기하자고 얘기했다.

그러나 행복이는 되레 무통 투입량을 줄이는 초강수를 택했다.
"흐흑… 여보…
아으… 가서 무통 줄이라고 해…."

곧장 밖으로 달려 나가,
무통 투입량을 줄여 달라고 소리쳤다.
"저기요! 뭐 해요!
빨리 들어와요!
무통 투입량 좀 줄여주세요!"

E 간호사가 헐레벌떡 들어오더니 무통약 주입 밸브를 MAX(7)에서 4로 약하게 돌려놓았다.

D 간호사는 곧장 의사 선생님을 모시러 밖으로 달려 나갔다.

무통 투입량을 줄이니, 다시 자궁수축이 활발히 일어나기 시작했다.

하지만 행복이는 그와 동시에 더욱 극심한 고통을 느끼게 되었다.
"아악! 으아아아!!"

얼마나 손아귀의 힘을 세게 주었던지, 잡고 있던 분만 침대 난간대가 흔들릴 정도였다.

의사 선생님은 분만실로 복귀하자마자, 바로 간호사들에게 촉진제 재투입을 지시하셨다.
"D 간호사, 아기 심장박동 상태 괜찮으니까, 옥시토신 다시 투입해라!"

촉진제 투입 후, 시간이 흐를수록 자궁수축은 점점 더 활발해졌고,
마침내 아기 머리가 보일 정도로 분만 진행률이 올라오게 되었다.

의사 선생님은 아기 받을 준비를 지시하셨고,

"이제 분만 침대 다시 세팅하고, 아기 받을 준비해라!"

분만실에서 나를 내보내셨다.
"보호자 분은 잠시 나가 있으실게요."

대기실에서 두 눈을 감은 채 마음을 가다듬으려 길게 심호흡했다.
양 볼에는 눈물이 흐르고 있었다.

행복이한테 미안한 마음이 들었다.
임신초기 행복이와 입덧을 함께 하지 않았던 것조차 너무나 미안했다.

30분 정도 지났을까,
D 간호사가 밝은 얼굴로 분만실에서 나왔다.
"축하드립니다!
이행복 보호자 분 안으로 들어가실게요."

순간 심장이 가슴을 뚫고 튀어나올 정도로 쿵쾅거렸다.
"알겠습니다…."

D 간호사는 의료용 장갑을 나에게 착용시켰다(탯줄을 내가 직접 자르기로 했기 때문이다.).

"보호자님, 제가 장갑 밑을 조금 뒤집을 테니까요.

절대로 바깥 부분에 손이 닿지 않도록, 장갑 안쪽으로 손을 쑥 넣어주시면 됩니다."

분만실에는 아기 울음소리가 울려 퍼지고 있었다.

"응애! 응애! 응애!"

가슴이 어찌나 떨리던지….

그 순간의 기억은 평생 잊지 못할 것 같다.

병원 분만실

3

따복이의 탄생

📅 2024.01.19 오후 2시 54분

행복이의 퉁퉁 부은 얼굴을 마주하니, 대견스럽고 고마운 마음이 우러나
왔다.

"여보… 정말 고생했어…."

E 간호사가 옆에서 탯줄 절단 부위를 알려주었다.

"보호자 분, 여기를 가위로 자르시면 돼요."

따복이가 엄마 몸에서 완전히 분리되는 뜻깊은 순간이었다.

(가위로 싹둑!)

따복이는 이물질을 제거하고

손가락, 발가락 개수를 확인하는 과정 등을 거친 후,

곧바로 두꺼운 천으로 꽁꽁 싸매어졌다.

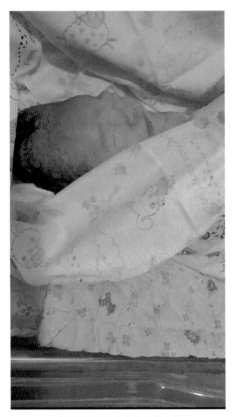

천으로 꽁꽁 감싸이는 따복이

E 간호사가 행복이한테 따복이를 안겨주었다.

"산모님, 너무 이쁘죠?"

하지만 행복이는 따복이를 제대로 쳐다보지 못했다.

"아… 알겠어요…

아! 밑이 너무 아파요…."

E 간호사가 행복이를 저지했다.

"산모님, 손 밑으로 가시면 안 돼요!

지금 시술 과정 중이에요!"

의사 선생님이 봉합 시술을 하시면서 출산 경과를 말해 주셨다.

"현재 회음부에서 항문까지 많이 찢어진 상태입니다.

많이 아플 거예요.

회복 기간이 좀 많이 필요할 거 같네요…."

따복이가 신생아실로 갈 시간이 되었다.

D 간호사는 나에게도 같이 갈 것을 요청했다.

"보호자 분도 같이 따라오셔서 신생아실 앞에서 대기하실게요."

아파하는 행복이를 두고 나오려니 도저히 발걸음이 떨어지지 않았다.
"아내 옆에 조금 더 있고 싶습니다."

하지만 의사 선생님의 강권으로 분만실을 나올 수밖에 없었다.
"보호자 분, 시술하는 데 시간이 좀 소요되니깐 나갔다 오세요!"

신생아실로 이동 중인 따복이

신생아실 앞에서 기다리는 동안, 양가 부모님께 이 기쁜 소식을 전해드
렸다.

현장 소장님께도 전화를 드렸다.
"소장님, 조금 전에 아기 나왔습니다."

소장님은 진심을 담아 축하해 주셨다.
"아이고… 축하한다!
고생했고… 앞으로 돈 많이 벌어라!"

잠시 후 D 간호사와 F 관리사가 신생아실에서 함께 나왔다.
"정말 축하드립니다! x2"

F 관리사는 신생아 카드를 건네주었다.
"자, 이거 받아 가시면 됩니다.
나중에 아기 면회하러 오실 때, 들고 오시면 돼요.
그리고 산모님이 병원 6층 조리원으로 입소하실 때, 아기도 여기서 6층
신생아실로 따라서 올라가니까요.
향후 일정으로 참고해 주시면 됩니다."

신생아 카드를 찬찬히 읽어보았다.

'오후 2시 54분 출생… 3.34kg… 신장 48cm….'

대기실로 돌아오던 중, 시술을 마치고 나오시던 담당 의사 선생님과 마주치게 되었다.

"산모가 정말 많이 애썼어요…

하늘을 바라보고 있는 아기는 대부분 제왕절개로 넘어가는데…

산모 힘으로 밀어내서 자연분만을 했기 때문에, 봉합 시술 부위가 좀 많아요…

보호자 분이 옆에서 잘 케어해 주세요…."

그 말을 듣고 나니, 가슴이 정말 뭉클했다.

그래서 담당 의사 선생님을 증인 삼아, 그 자리에서 평생 지킬 다짐을 공표해버렸다.

"지금 잘 케어할 뿐만 아니라, 평생 아내한테 정말 잘해주겠습니다!"

담당 의사 선생님은 내 공표에 흐뭇한 미소를 지으셨다.

분만실로 돌아오니 D 간호사가 퇴실을 요청했다.

"이제 산모님, 분만실에서 나가실 건데요.
짐 다 챙겨서 나오실게요."

그 순간 행복이의 두 가지 부탁이 생각났다.

첫 번째는 출산 직후 꼭 양말을 신겨 달라는 거였고,
"저, 간호사님, 잠시만요! 산모 양말 좀 신길게요."

두 번째는 입원 병실 중 511호에 배정받고 싶다는 거였다.
"아! 그리고 저번에 산모가 배 뭉침으로 입원했을 때, 511호를 사용했었
는데요.
혹시 그 병실에 자리가 남아 있을까요?"

분만실 간호사들은 뭔가 알 수 없는 미소를 지었다.

D 간호사가 행복이를 병동으로 데려다주면서 입원 병실에 대한 답을 주
었다.
"511호에 자리가 있는지는 입원 병동에 가봐야 알 수 있을 것 같아요.
병동 데스크에서 전화를 받지 않네요…."

5층 입원 병동으로 올라가니 저 멀리 안내 데스크에 C 간호사가 서 있었다.

행복이는 C 간호사를 보자마자 그 지친 와중에도 신신당부를 했다.
"여보… C 간호사네…
저번에 내가 배 뭉침으로 입원했을 때 기억나?
당신이 샴푸실에서 내 머리 감겨 주다가 입원복이 젖어서,
링거를 뽑고 다른 입원복으로 갈아입어야 했잖아?
그때 C 간호사가 손목 복숭아뼈 쪽에 새 링거를 놓아서…
하루 종일 주삿바늘 꽂힌 자리가 너무 아팠어…
링거를 또 맞기도 좀 그렇고…
다시 꽂으면 이번엔 어디에 꽂을지 몰라서 가만히 있었는데…
아… C 간호사가 내 곁에 안 왔으면 좋겠어…."

4

빌런

📇 **2024.01.19 오후 4시**

C 간호사는 우리를 516호로 인도했다.

"516호로 가실게요."

혹시나 싶어 C 간호사에게 516호 담당인지를 물어봤다.

"저 혹시 저희 담당 간호사님이신가요?"

C 간호사는 무표정으로 고개를 끄덕였다. 그리고 곧바로 속사포 브리핑
을 시작했다.

"보호자 분은 산모님이 화장실 가실 때나 이동하실 때
꼭 대동해주셔야 합니다.

빈혈 증상으로 머리가 어지러울 수도 있거든요.

산모님 혈압은 제가 주기적으로 확인할 거고요."

집중도 체크도 빼먹지 않았다.
"보호자 분, 잘 듣고 있으시죠?"

속사포 브리핑은 계속되었고,
"산모님은 내일부터 하루 2번 이상 꼭 좌욕을 하셔야 되고요.
봉합 부위에 수시로 연고 꼭 발라주셔야 합니다.
그리고 오늘 산모님 소변 보시면 꼭 저한테 알려주세요.
보호자 분, 잘 듣고 계신 거 맞죠?"

그렇게 약 25분 동안 속사포 브리핑을 들었다.
"수유는 신생아실에서 콜이 오면 내려가시면 됩니다.
산모님 식사는 아침, 점심, 저녁, 야식 이렇게 네 번 병실로 들어오고요.
보호자 분 식사는 구내식당에서 점심만 이용 가능하세요.
(중략)
지금까지 궁금하신 거 있으실까요?"

더 이상 속사포 브리핑을 듣기 싫었지만,
아기를 언제부터 볼 수 있는지가 너무도 궁금했다.

"혹시 아기 면회는 언제부터 가능할까요?"

그러자 C 간호사는 선뜻 안내 책자를 건넸다.
"여기 안내 책자입니다.
방금 질문하신 내용까지 다 포함되어 있으니까요.
한번 읽어보세요."

책자를 찬찬히 읽어보니 그제야 속사포 브리핑 내용을 모두 숙지할 수 있었다.

안내 책자에는 산후조리 필요 물품도 적혀 있었는데,
미처 챙겨 오지 못한 것들도 있었다.

그래서 나는 필요 물품을 물어오는 비둘기가 되기로 자처했다.

행복이 역시 내 작위를 아주 마음에 들어 했다.
"여보! 첫 번째 임무를 줄게! 집에서 방석하고 세면도구를 가져와 줘!🕊"

일단 임무가 주어지면 비둘기는 목표 지점을 향해 신속하게 날아갔다.

나는 곧장 집으로 돌아와서 신속하게 필요 물품들을 챙겼다.

그리고 냉장고를 뒤져 요깃거리들을 먹으며, 노트북으로 연차 결재도 올렸다.

하지만 그것도 잠시, 핸드폰이 울렸다.

(에버랜드~~ 빵빵 오세요오오~~!!)

신속하게 전화를 받았다.
"여보세요? 어! 이제 막 돌아가려고 했는데~"

급한 전화였다.
"여보… 나… 화장실….
얼른 와…."

서둘러 물품들을 챙겨 밖으로 튀어 나갔다.

병원까지 T맵으로 10분,
추천 경로로 최대한 빠르게 병원으로 넘어갔다.

다행히 병원 주차장에는 빈자리가 많았다.

병원 주차장(맨 안쪽 둥근 원판 : 주차타워 위치)

막 차를 대고 올라가려는데, 주차요원이 나를 붙잡았다.
"저기 승용차는 주차타워에 넣으셔야 합니다.
SUV형 차량이 들어올 수 있으니, 다시 차 빼서 주차타워로 넣으실게요.
얼른요."

한시가 급한 상황임을 설명해도 주차요원은 완강했다.
"그냥 얼른 차 빼서 이동하세요!
제가 그런 사람들 많이 봐서 척 보면 척입니다!"

결국 주차타워에 차를 넣기 위해, 다시 탑승했다.

하지만 어쩐 일인지 주차타워 문은 10분이 지나도록 열리지 않았다.

그래서 주차요원실로 가서 무슨 일인지 물어봤다.
"저… 혹시 주차타워에 무슨 문제라도 생긴 건가요?"

그제야 주차요원은 자리를 털고 밖으로 나왔다.
"잠시만 기다리세요.
시스템 점검 먼저 하고 차 넣으실게요!"

10분 정도 후에, 주차요원은 만족스러운 표정으로 점검을 마무리했다.
"네! 이제 타워에 차 넣으실게요."

지체된 시간은 도합 20분, 정말 불길한 예감이 들었다….

주차타워에 차를 넣고, 5층으로 급히 뛰어 올라갔다.

516호에 도착하자, 행복이가 똥 씹은 표정으로 침대에 누워 있었다.
"뭐야 비둘기… 왜 이렇게 늦게 왔어?
얼른 화장실 좀 데려다줘….''

곧바로 행복이를 부축하여 화장실로 인도했다.

"미안해 여보…

병원 주차장에서 좀 복잡한 일이 있었어…"

행복이를 화장실로 들여보내고, 바로 물품 정리에 돌입하던 중,

병실 공용 전화가 울렸다.

"따르릉!! 따르릉!!" (신생아실 콜)

바로 옆자리 P 산모가 황급히 콜을 받았다.

"네네… 그분도 다른 병실로 옮겼습니다.

그분 이제 여기 없어요."

내 핸드폰도 울렸다 (캐논 벨소리… 어머니 전화였다.)

전화를 받자마자, 엄청난 질문 세례가 나를 덮쳤다.

"아들! 왜 이렇게 전화가 안 돼?

따복이 면회는 언제부터 가능하니?

(중략)

내일 니 동생 상견례 오는 거 맞지?"

5

인간적인 모습

🗓 **2024.01.19 오후 7시**

어머니께서 하시는 질문들에 성심성의껏 답변해 드렸다.

"제가 행복이를 챙긴다고 정신없었네요.

병원 코로나 규정상 남편 외에 면회는 힘들어요, 어머니….

(중략)

상견례는 못 가요 어머니… 행복이 곁에 있겠습니다."

어머니는 못내 아쉬워하셨다.

"아이고 그래… 그러면 어쩔 수 없지…

그러면 넌 못 오는 걸로 알고 있을게…

근데 면회가 안 된다 하니… 너무 아쉽구나…."

그때 화장실에서 행복이가 힘겹게 부르는 소리가 들렸다.
"여보··· 여보···."

그래서 통화를 마무리하려고 했지만,
"어머니, 지금 급한 일이 생겨서요.
나중에 다시 연락드리겠습니다."

어머니께서 조리원 비용을 물어보시는 바람에,
"아들! 잠깐만!
산후조리원 비용 얼마나 들어가니?"

행복이는 화장실에 조금 더 앉아 있게 되었다.
"여보, 잠시만 기다려 줘~!
잠시만!"

산후조리원 비용은 적잖은 부담이었다.
"어? 음··· 그··· 비용이요?
350만 원 정도 나왔어요···."

감사하게도 어머니께서는 흔쾌히 조리원 비용을 내주신다고 하셨다.
"아들! 350만 원 내일 중으로 부쳐 줄게.

행복이 옆에서 잘 챙겨주고!
나중에 또 통화하자!"

어머니의 뜨거운 사랑을 느낄 수 있었다.
"네 고맙습니다, 어머니…
또 연락드릴게요…."

한편, 행복이는 병원 주차장에서 있었던 일을 많이 궁금해했다.
"아까 주차장에서 무슨 일이 있었던 거야?"

(그래서 타워 점검으로 인한 20분 대기 사건을 말해줬다.)

행복이의 얼굴은 새빨개졌다.
"그… 주차요원… 하….
여보! 빈자리 많으면 그냥 차 대고 올라와…
차 빼달라고 전화 오면 나가서 빼주고…."

그래서 출산 후 예민해져 있는 행복이의 주의를 환기시킬 겸, 데스크에
잠시 다녀오겠다고 했다.
"오… 전화 오면 나가서 차 빼주는 거 정말 좋은 생각인데?!

참! 당신 소변 보면 알려 달라고 그랬었는데~

데스크에 가서 말해주고 올게!"

C 간호사는 행복이의 소변 소식을 듣자마자 516호로 유축기를 가져다 주었다.

"이행복 산모님, 소변 보셨나요?

여기 유축기 들고 왔습니다.

나중에 신생아실 콜 오면 유축하신 거 들고 수유실로 가시면 되세요."

담당 의사 선생님도 우리 병실에 방문하셨다.

"이행복 산모, 좀 어때요?

소변 봤어요?

먹고 싶은 거 있으면 다 먹어도 되니깐 남편한테 많이 사달라고 해요.

다음에 또 봅시다."

저녁 식사로 미역국, 생선구이, 밑반찬 3종류가 병실로 배달되었다.

"이행복 님? 저녁 식사입니다.

맛있게 드세요."

새벽부터 쫄쫄 굶고, 꼬박 13시간의 진통을 견딘 행복이의 첫 끼였다.

행복이는 그 와중에도 내 끼니를 걱정했다.

"여보… 지금까지 아무것도 못 먹었지?

당신도 나가서 뭐라도 좀 먹고 들어와…."

이미 집에서 음식을 양껏 먹고 온 나 자신이 너무나도 부끄러웠다.

"여보… 당신이 이렇게 아픈데…

괜찮으니깐… 내 걱정 말고 얼른 저녁 먹어…."

행복이는 봉합 부위가 아파서 제대로 앉지도 못했다.

결국… 행복이는 진통제를 찾고야 말았다.

"여보… 너무 아파…

가서 진통제 주사 좀 놓아 달라고 해줘…."

그 말을 듣고 데스크에 C 간호사가 있는지 먼저 병실 문을 살짝 열고 살폈다.

다행히도 데스크에는 C 간호사가 없었다.

(C 간호사는 다른 병실에서 실습생 교육 중에 있었다.)

이때다 싶어 황급히 데스크로 달려가서 A 간호사한테 진통제 주사를 요청했다.

"선생님, 516호 이행복 배우자입니다.

오늘 아내가 출산했는데, 봉합 부위가 너무 아파서 진통제를 맞고 싶어
합니다."

A 간호사의 친절한 답변이 돌아왔다.
"네 병실에서 잠시만 기다려 주실게요."

기다리는 동안 혹시나 C 간호사가 대신 들어올까 봐 정말 가슴이 조마
조마했다.

C 간호사가 들어오게 되면, 난 그 날로 행복이의 역적이 되는 셈이었기
때문이다.

옆 사람 속도 모르고 행복이는 계속 병실 바깥 상황을 궁금해했다.
"여보…? 진통제 놓아준다고 그래?"

차마 행복이한테 C 간호사가 들어올 수도 있다고 말할 수 없었다.
"어? 어… 조금 기다리라고 그러네…

그런데 여보… 내가 많이 사랑하는 거 알지?"

우려와 달리 다행히도 A 간호사가 병실로 들어왔다.

"산모님, 많이 아프신가요?

오늘은 진통제 드리지만, 다음부턴 아프시더라도 조금 참아보세요."

진통제를 맞고 나서 행복이는 한결 나아 보였다.

그때 휴대폰이 울렸다(동생이었다.).

"여보, 유영이한테서 전화가 왔네?

잠깐 통화 좀 하고 올게."

전화를 받으니, 밝은 목소리가 날 반겨주었다.

"오빠! 득남 진심으로 축하해!"

동생은 상견례 얘기를 꺼내며 먼저 아쉬움을 표했다.

"내일 오빠가 상견례 못 오는 거 좀 아쉽긴 한데…

그래도 난 오빠가 새언니를 케어해 주는 게 맞다고 생각해!"

정말이지 너무 고마웠다.

"그래 유영아… 이해해 줘서 고맙다…

오빠가 나중에 연락할게…."

병실로 돌아오니 행복이는 벌써 곤히 자고 있었다.

나도 집에서 가져온 매트리스를 침대 옆에 깔고 누워서 잠을 청했다.

이렇게 출산 당일이 숨가쁘게 지나갔다.

6
비통

📅 **2024.01.20 토요일**

눈을 잠깐 감았다 떴는데, 날이 밝아 있었다.

행복이는 벌써 깨어 있었다.
"아으… 새벽에 진통제 효과 떨어지니깐… 다시 너무 아프더라고…
좌욕을 좀 해볼까 하는데….”

병실 변기에 좌욕 대야를 세팅한 후, 행복이를 화장실로 데려다주었다.
그때 C 간호사와 T 실습생이 516호로 들어왔다.
"혈압 체크하실 시간입니다!”

C 간호사는 순차적으로 혈압 체크를 해나갔다.

T 실습생은 노트를 들고 따라다니면서,

C 간호사가 알려주는 것들을 열심히 받아 적었다.

T 실습생의 눈은 C 간호사에 대한 존경으로 그득그득했다.

그때 화장실에서 행복이가 나를 급히 불렀다.

"여보… 여보…."

그 소리를 듣자마자 헐레벌떡 복도로 나와 행복이한테 전화를 걸었다.

(행복이는 항상 화장실에 핸드폰을 가지고 간다.)

"여보… C 간호사가 지금 우리 병실에서 혈압 체크 중인데…

어떻게 할까?"

역시나 행복이는 C 간호사와 대면하는 것을 원치 않았다.

"아… 혹시 C 간호사 가면, 다시 알려줄래?"

행복이가 출산 후, 고생하는 모습을 보니 마음이 짠했다.

"정말 고생이네…

좌욕 하루에 두 번 해야 한다고 그랬지?

이따 오후에도 좌욕 대야 세팅해 줄게…."

잠시 후, 아침 식사가 배달되었다.
"이행복 님, 맛있게 드세요~."

어제와 다르게 행복이는 술술 밥을 잘 넘겼다.
"맛있네…."

그때 C 간호사가 다시 516호로 들어왔다.
"이행복 산모님, 혈압 체크 시간입니다.
어? 식사 중이시네요?
그러면 잠시 혈압 먼저 재고 드실게요."

C 간호사는 오랜 시간에 걸쳐 꼼꼼하게 혈압을 재고 다시 퇴실하였다.

눈앞에 밥상이 보이니, 나도 배가 고팠다.
"여보, 편의점에서 뭐 좀 사먹고 올게.
최대한 빨리 돌아올 테니, 마저 먹고 있어."

그런데 어쩐 일인지, 행복이의 표정이 좋지 못했다.

무엇이 불편했던 걸까…
"음…? 왜 그래 여보?

편의점 가지 말까…? (ㄷ.ㄷ)"

행복이의 첫 아침 식사는 이렇게 끝났다.
"여보… 포만감 때문에 더는 못 먹겠어…
좀 많이 남기긴 했는데… 어쩔 수 없을 거 같네.
나가면서 반납 장소에 좀 놓아줘…."

그래서 일단 식기를 들고 병실 밖으로 나왔다.

식기 반납 장소는 데스크 옆에 있었는데,
때마침 거기에는 C 간호사와 T 실습생이 서 있었다.

C 간호사가 반납 식기를 유심히 보더니 우려를 표했다.
"보호자 분, 산모님이 아침을 좀 많이 남기셨네요?
식사량을 조금 더 늘리셔야 산모님 회복에 더 좋을 텐데요"

그 와중에 T 실습생은 뭔가를 열정적으로 수첩에 받아 적었다.

왠지 모르게 마음이 편치 않았다.

다시 병실로 돌아왔을 때, 행복이로부터 뜻밖의 소식을 전해 듣게 되었다.

"여보… 1월 산모들이 많아서 조리원에 자리가 없다고 하네…

조리원 입실 날짜가 하루 밀렸어…."

상황이 너무나 비통하였다.

"그럼 다음 주 월요일에 들어갈 수 있다는 거네…?

당신 얼른 조리원에 들어가서 마사지도 받고 그래야 하는데…."

출산 후, 행복이는 성한 곳이 하나도 없을 정도였다.

"여보… 나, 발이 너무 차가워…

손목도 너무 아프고…

골반에서 계속 삐거덕 소리가 나…."

옆에서 보고 있자니, 너무 짠했다.

그래서 또다시 비둘기가 되기로 자처했다.

"여보! 수면 양말이랑 손목 보호대 필요하다 그랬지?

근처 다이소 가서 사 올게!"

반응은 폭발적이었다.

"오~ 비둘기! 좋아 좋아!

그러면 따뜻한 디카페인 라테도 한 잔 부탁해!"

비둘기 출동!

병원 밖으로 나오려는데 1층 데스크 직원과 어르신들이 실랑이를 벌이고 있었다.

"어머님, 아버님! 마스크 착용하셔야 돼요!"

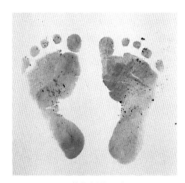

따복이 발도장

7

강철 체력

📅 **2024.01.20 토요일 오전 9시**

근처 다이소에 도착했지만, 영업시간 전이라 문이 닫혀 있었다.

(영업 시작 시간은 오전 10시.)

어쩔 수 없이 커피만 테이크아웃한 채로 병원으로 돌아왔다.

병원 로비에서는 여전히 데스크 직원이 무던히도 애를 먹고 있었다.
"어머님, 아버님! 마스크를 착용해 주셔야 해요···
그리고 원래 코로나 규정상 남편 외에 면회가 안 됩니다···."

그러다 문득 서류 뗄 일이 생각나서 나도 데스크로 가보았다.
"고생이 많으십니다.

54

혹시 출생증명서 발급받을 수 있을까요?"

데스크 직원은 출생증명서를 발급해주면서 전자카드도 함께 등록해 주었다.
"네, 증명서 발급, 다 되었습니다.
나중에 출생신고하러 가실 때 들고 가시면 되시고요.
분실 시 재발급 비용은 2,000원 되겠습니다.
아 그리고 이건 보호자용 전자출입 카드인데요.
야간에 병원 들어오실 때 출입문에 찍으시면 됩니다."

병실로 올라가니 행복이가 초롱초롱한 눈으로 커피를 반겨주었다.
"왔구나!
드디어 커피를 마실 수 있게 되었군!"

행복해하는 행복이의 모습을 보니 웃음이 절로 나왔다.
"당신, 그렇게 행복해하는 모습 보니깐 너무 좋네⋯."

손목 보호대와 수면 양말은 구매하지 못했다고 말했다.
"여보, 다이소 가니깐 문이 닫혀 있네?
좀 이따 다시 가봐야 할 것 같아."

행복이는 디카페인 커피 덕분인지 심적 여유를 찾은 듯했다.

"음… 커피가 너무 맛있다! 이제야 좀 살 것 같네…

근데, 당신 많이 피곤해 보이는데?

그리고 집에 수면 양말하고 손목 보호대 있지 않나?

이왕 이렇게 된 거, 집에 가서 푹 자고 내일 챙겨서 와."

물론 절대 마다하지 않았다.

"알겠어, 여보… 고마워…

그러면 이따 저녁에 집으로 넘어갈게."

그리고 서둘러 노트북을 챙겨서는 병실 밖으로 나왔다.

"여보! 육아휴직 결재 좀 올리고 올게."

5층 안내 데스크 앞 휴게공간에는 탁자와 의자가 세팅되어 있었다.

육아휴직 신청서를 작성하면서 많은 생각이 들었다.

〈회상 인물〉 : Z 과장

"남유복 계장!

솔직히 나는 니가 육아휴직을 사용한다길래…

나중에 복직하면 '조만간 우리 회사를 떠나지 않을까'라고 생각하고 있었는데… 맞어?"

복직 후 과연 내 자리가 그대로일지에 대한 불안감이 엄습해 오려던 찰나,
난 내 안의 괴물이 날 집어삼키는 걸 절대 내버려 두지 않았다.

(후딱 결제 기안을 끝내버렸다.)

병실로 돌아오니 담당 의사 선생님이 계셨다.
"산모~ 오늘은 좀 어때요?
좌욕 하루 두 번 이상씩 잘하고 있는 거 맞죠~?"

의사 선생님께서 행복이를 많이 신경 써 주시는 거 같아 정말 감사했다.

어느덧 오후 3시 50분. (곧 따복이 면회 시간이다.)

"여보! 벌써 면회 시간이네? 우리 따복이 잘 있나 보고 올게!"

신생아실에는 유리 창문이 설치되어 있었다.

(평소에는 커튼이 처져 있다.)

신생아실 앞은 면회 신청자들로 줄이 길었다.

오후 4시가 되자 드디어 신생아실 창문 커튼이 걷혔다.

각자에게 주어진 시간은 단 5분, 그 안에 모든 것을 마무리해야 했다.

드디어 내 차례다.

유리창 너머로 신생아 카드를 보여주니,
F 관리사가 따복이를 누인 요람을 유리창 가까이 끌고 왔다.

따복이는 눈을 꾹 감은 채 계속 연신 하품만 해댔다.

그 모습이 너무 사랑스러운 나머지 곧바로 사진 촬영에 돌입했다.

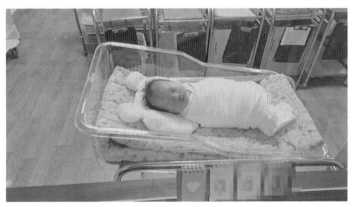

3층 신생아실 따복이 면회

그러다 어느 순간 따복이가 카메라 렌즈에서 홱 벗어나 버렸다.
(알고 보니 F 관리사가 취한 면회 종료 액션이었다.)

어쩔 수 없이 아쉬움을 뒤로한 채 병실로 돌아올 수밖에 없었다.

행복이한테 따복이 사진을 보여줬다.
"여보! 너무 귀엽게 나왔지?
장인어른, 장모님께도 공유해 드리자."

행복이는 너무 좋아했다.
"우리 따복이 너무 이쁘네!
눈은 당신 닮고 코하고 입은 날 닮은 거 같아! (ㅎ.ㅎ)"

우리는 그렇게 따복이 사진을 보면서 한참을 웃었다.

빰바람바라! 빰바람바라! (오후 6시 알람.)

행복이는 알람이 울리자마자 날 집으로 보냈다.
"여보~ 얼른 집에 가!
푹 쉬고 내일 아침에 다시 와!

오늘 정말 고생했어."

그렇게 비둘기는 다시 집으로 날아갔다.
"손목 보호대랑 수면 양말 챙겨서 아침에 올게!
아 그리고 필요한 거 또 생각나면 연락해!"

난 집에 돌아와서 바닥에 눕자마자 곯아떨어져 버렸다.

8

이해관계

📷 **2024.01.21 일요일**

아침에 눈을 떠보니, 카톡이 와 있었다.
"병원에 올 때 방석, 푸른 주스, 손톱깎이, 길쭉한 베개도 가져다줘! 🕊"

곧바로 샤워로 비몽사몽한 정신을 깨웠다.
'비둘기는 절대 지치지 않는다!'

그런 다음, 필요 물품들을 챙겨 얼른 병원으로 날아 넘어갔다.

병실로 가서 행복이와 반갑게 재회하려고 했으나…
"여보! 나, 왔어!
잘 잤어?!"

행복이는 눈살을 잔뜩 찌푸린 얼굴을 하고 있었다.

옆자리 P 산모 때문이었다.
"진짜… 코를 소리 지르듯 골고!
새벽에 형광등을 갑자기 켜더니 유축을 하더라고!"

행복이는 당장 다른 병실로 옮기고 싶어 했다.
"다른 병실 둘러봤는데!
빈 자리가 있던데…."

난 곧바로 중앙 데스크로 달려갔다.

그리고 A 간호사한테 병실 이동이 가능한지 물어봤다.
"저… 선생님, 혹시 병실을 옮길 수 있을까요?"

어쩐 일인지 A 간호사는 사유를 따로 묻지 않았다.
"네, 바꿔 드릴게요."

그저 수면의 중요성을 강조하며,
"수면은 산모님 회복에 정말 중요합니다.
그리고 내일부턴 3시간 간격으로 수유 콜이 들어오기까지 할 텐데요.

그전까지 산모님이 최대한 숙면하시는 게 좋을 듯합니다."

덧붙여 유축기 상세 기능을 설명할 뿐이었다.
"혹시 새벽 유축을 하게 되시면요.
유축기에 탑재된 램프 기능을 활용하시면 수월하실 겁니다."

그렇게 우리는 열망하던 511호로 들어가게 되었다.

516호에서 511호로 짐을 옮기던 중,
우연히 복도에서 P 산모와 마주치게 되었는데,
아주 똥 씹은 표정으로 나를 노려보고 있었다.

곧바로 P 산모의 날 선 질문들이 날아왔다.
"다른 병실로 옮기시는 건가요?
왜 옮기시는 건데요?
혹시 1인실로 가시는 거예요?"

그래서 에둘러 답했다.
"아… 1인실로 가는 건 아니고요.
지금 자리는 출입문 쪽에 붙어 있어서…

매트리스를 깔기에는 좀 비좁아요…

그래서 침대 옆 공간이 더 넓은 자리로 갑니다."

어쩐 일인지 P 산모는 내 답변을 마음에 들어했다.

"아, 그러신 거였어요?

아내 분 챙기는 모습이 보기 좋으시네요."

그렇게 516호 P 산모의 양 옆자리는 또다시 비게 되었다.

한편, 인수인계를 마무리하지 못한 것이 계속 마음에 걸렸다.

그래서 고심 끝에 소장님께 연락을 드렸다.

"소장님 주말에 연락드려서 죄송합니다…(카톡)"

"다름이 아닌 인수인계 건입니다. (카톡)"

(중략)

"바쁜 시기에 육아휴직을 사용하게 되어 정말 죄송합니다. (카톡)"

그러고 나서 바로 답장이 왔다.

"고생했고. (카톡)"

"육아에 전념해라. (카톡)"

"내일 팀장들과 협의해서 인계자 정할 거다. (카톡)"
"수고하고…(카톡)"

정말 눈물 나도록 감사했다.
"네 소장님, 감사합니다! (카톡)"
"명일 오후에 인수인계 차 현장 사무실 들르겠습니다. (카톡)"

그때 저 멀리 복도 끝에서 C 간호사와 새로 들어온 산모가 걸어오고 있는 게 보였다.
그들은 나를 지나쳐서 516호 쪽을 향해 걸어갔다.

역시나 C 간호사는 시그니처 속사포를 선보이고 있었다.
"내일까지는 보호자 분 꼭 같이 대동해서 다니셔야 합니다.
빈혈 증상으로 어지러우실 수도 있어서서 그래요.

(중략)

516호 담당 간호사는 저고요.
참고로 병실은 한 번까지만 바꾸는 게 가능하세요.
아 그런데 혹시 코 고시나요?"

새로 들어온 산모는 어리둥절해했다.

"네…?"

C 간호사는 알 수 없는 말을 하면서 중앙 데스크로 돌아갔다.

"코 고는 사람 찾아야 하는데…."

Part 2 ———

조리원

1

거짓말

조리원 입소 날이다.

말 많고 탈도 많았던 단체 병실을 벗어나는 뜻 깊은 날이었다.

입소에 앞서 9시 반에 조리원 OT를 듣기로 했다.

6층 조리원으로 시간 맞춰 올라가니 매니저가 반갑게 맞아주었다.
"네~ 안녕하세요!
산모님 저번에 병실에서 저랑 잠깐 봤었는데~ 그죠?!
바로 같이 둘러보실까요?"

매니저는 조리원 내부 수칙을 우리에게 알려주었다.

"식당은 산모님만 이용 가능하시고요.

세탁물은 정오까지 빨래망에 담아서 여기 수거함에 넣어주시면 됩니다.

그리고 여기는 체온 측정 장소인데요.

하루에 한 번씩 열 측정 기록을 적어주시면 됩니다.(코로나 규정상 그렇다고

한다.)"

행복이도 조리원이 마음에 쏙 드는 거 같았다.

"헤헤…

호실 상태 괜찮네!"

하지만 그것도 잠시, 뭔가 묘한 이상함을 감지하게 되었다.

"오잉? 비어 있는 호실이 많네?"

또, 매니저는 계속해서 서둘러 OT를 마무리하려 했다.

"네 이제 상담실로 가실까요?

계약 내용에 대해 제가 자세히 알려드릴게요!"

행복이도 뭔가 이상함을 느꼈는지…

"저번에는 1월 산모들이 많아서 조리원에 남는 호실이 없다고 하셨는데요.

오늘 아침에 퇴실한 산모들이 많았나요?"

매니저는 행복이의 질문에 매우 당혹스러워했다.
"아… 그게 사…정이 좀 있었습니다.
어… 이제 계약서 같이 살펴보실까요…?"

행복이의 얼굴은 빨갛게 달아올랐다.
"저기요… 그러니까요…
빈 호실이 많던데 원래 오늘이 아니라 어제 입소했어야 하는 거 아닌가요?
좀 이해가 안 가서요."

매니저가 정말 미심쩍었지만, 지금 등록하지 않으면 갓 태어난 따복이를
청소가 덜 된 집으로 데리고 올 수밖에 없었다.

아…

그래서 어쩔 수 없이 찜찜한 마음을 뒤로하고 조리원에 입소할 수밖에 없었다.

(조리원 호실에서 쉬던 중에)

침대에 누워 있던 행복이가 갑자기 벌떡 일어나 앉았다.
"여보! 여보!
이거 봐봐! (핸드폰 화면)"

한 포털사이트 블로그에 우리가 지금 있는 조리원 후기가 올라와 있었다.

'게시 날짜 : 24.01.20(토)
조리원 신생아실에 감기가 창궐해서 급히 아기를 데리고 집으로 왔어요…'

순간 온몸에 닭살이 돋았다.
곧바로 상담실로 달려갔지만 매니저는 자리에 없었고, 전화도 받지 않았다.

행복이는 당장 조리원을 옮기고 싶어 했다.

"나, 조리원 옮기고 싶어, 여보….'"

원무과에도 찾아가 봤으나, 조리원 비용을 환불받을 순 없었다.

"조리원은 병원하고 법인이 다릅니다.

6층 조리원 담당자하고 얘기하셔야 해요."

2

다 함께 차차차

답답한 마음에 6층 신생아실로 뛰어 올라갔다.

하지만 신생아실은 텅 비어 있었다.

유리창 너머로 6층 신생아실 L 관리사가 청소하는 모습만 보일 뿐이었다.

복도에서 누가 계속 서성거리고 있는 게 보였는지 L 관리사가 밖으로 나왔다.
"무슨 일이시죠?"

정말 떨리는 마음으로 물었다.

"저… 여기 아기들 어디로 갔나요?"

L 관리사는 담담히 향후 일정을 알려주었다.
"3층 신생아실 아기들은 1주일 후에 6층으로 올라오게 될 거고요.
혹여나 3층 신생아실에 자리가 부족하게 되면
조리원 612호로 일부 아기들만 이동시킬 예정입니다."

(따복이가 6층으로 올라오지 않아서 정말 다행이다…)

방으로 돌아와 행복이에게 일련의 상황을 설명해 주었다.

행복이의 얼굴은 금세 붉어졌다.
"뭐야… 왜 법인이 달라?
진짜 안 되겠네…
조리원 매니저 아직 자리에 없지?"

그때 수유콜이 울렸다.

(따르릉!! 따르릉!!)

행복이는 곧바로 호실을 나섰다(3시간에 한 번씩 수유를 하고 있었다).

"나, 수유실 다녀올게."

나도 따라나섰다.
"인수인계 일정 때문에 사무실 좀 다녀와야 할 거 같아.
최대한 빨리 올게."

빈손으로 가기 뭐해서 회사 근처 다람쥐 카페에 들렀다.
앉아서 주문한 커피를 기다리고 있는데
뒤에서 어떤 손이 쓰윽 나와 어깨동무를 청했다.

"아앗! (순간 놀랬다…)"

평소 친했던 X 계장이었다.
"많이 놀랐나?
점심 먹고 오는데 카페 주차장에 네 차가 있길래 들어와 봤어.
커피 테이크아웃 하게?
들고 가는 거 도와줄게~"

X 계장은 내 걱정을 하고 있었다.
"사무실에서 불만 섞인 얘기가 떠돌더라?

네가 작성한 인수인계서 때문인 거 같던데…"

그렇게 X 계장과 이런저런 얘기를 하면서 사무실로 향했다.

소장님께서는 나를 반갑게 맞아주셨다.
"오~ 유복이 왔나?
그래, 뭘 이런 걸 다 사오노~
잘 마실게.
와이프는 잘 회복하고 있나?
니가 잘 케어해 줘래이~"

우려했던 예상과는 달리 사무실 분위기는 나쁘지 않았다.

내 육아휴직을 못마땅히 여기던 Y 계장과 Z 과장도 무드가 뭔가 좀 달라져 있었다.

그 덕분에 인수인계를 잘 마무리할 수 있었다.

(하지만 마음 한편에는 불안감이 있었는데…)

복직 때까지 제발 내 자리가 그대로 있었으면 좋겠다….

3

환불

📅 **2024.01.23 화요일**

"여보! 내가 조리원 매니저 출근했나 보고 올게."

행복이 : 아니! 나도 같이 갈 거야!

우린 조리원 상담실로 직행했다.

조리원 매니저 : 어? 무슨 일이시죠?

행복이 : (핸드폰 화면을 보여주며) 이거 뭔가요?

조리원 매니저 : 아 네~~ 잠시 신생아실에 감기가 돌았었는데요.

　　　　　　 지금은 방역 소독 완료한 상태입니다.

행복이 : 처음부터 그렇게 말씀하셨으면 되셨잖아요.

　　　　 그때는 왜 감기 얘기를 안 하신 거죠?

조리원 매니저 : 죄송합니다.

　　　　　　 제가 그때 정신이 없어서…

　　　　　　 혹시… 환불을 원하시나요…?

행복이 : 당연하죠!

　　　　 지금 바로 환…

"잠깐만 여보!
저희 잠시 상의 좀 하고 오겠습니다."

다시 호실로 돌아왔다.

행복이 : 왜?! 당장 환불해야지!

　　　　 감기가 창궐했던 곳에 따복이를 두고 싶어?

78

"여보… 태어난 지 3일 된 애를 데리고 나가기도 좀 그래…
아직 차에 카시트도 설치 못 했잖아…
집 대청소도 못 했고."

행복이 : 아니 지금까지 그것도 안 하고 뭐 했어?

"애가 예정일보다 빨리 나오는 바람에…
내일까지는 청소 끝낼게…!"

다시 조리원 상담실로 갔다.

"매니저님! 저희는 그냥 조리…."

조리원 매니저 : 배우자님! 잠시만요!
그때 경황이 없어서…
솔직히 말씀 못 드린 거 정말 죄송합니다.

"아 네 그러셨군요.
그냥 조리…."

조리원 매니저 : 배우자님! 정말 죄송합니다!

　　　　　　　제가 그냥 조리원 비용을 10% 할인해 드리면 안 될까요…?

"어…? 그게 가능한가요?"

조리원 매니저 : 네네~ 지역화폐로 다시 결제하시면 10% 할인됩니다!

"저 혼자 결정할 일은 아닌 거 같고요.
일단 아내랑 상의해 보겠습니다."

"네 배우자님! 정말 죄송합니다!"

(드르륵! : 문 여는 소리)

"여보~ 저번에 결제한 카드가 어디 있더라?"

행복이 : 응? 환불 안 하는 거 아니었어?

"아니! 환불하려고!
생각해 보니 도저히 안 될 거 같아!

결제 카드 어디 있어?"

행복이 : 저기 내 지갑에….

"(상담실로 가서) 매니저님! 조리원 비용 환불해 주시고요.
(핸드폰 페이 결제를 내밀며) 지역화폐로 다시 결제해 주세요."

조리원 매니저 : 네 알겠습니다…
          정말 죄송합니다, 보호자님….

"(호실로 들어오면서) 내가 처리했어!"

행복이 : 여보… 근데 다시 생각해 보니깐…
         지금 나가면 좀 막막할 것 같은데….

"그렇겠지…?
그래서 10% 할인받고, 그냥 계속 있기로 했어."

행복이 : 오 정말?

"조리원 매니저가 정말 미안해하더라."

행복이 : 그래! 그 사람은 좀 미안해하는 게 맞지!

따복이가 6층으로 올라오지 않아서 정말 다행이다….

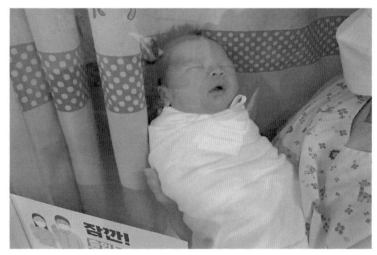

따복이(3층 신생아실, F 관리사)

4

대청소

📅 2024.01.24 수요일

대청소를 하는 날이다.

"여보! 집 좀 청소하고 올게~"

"진짜? 오늘 하려고…?"

"당연하지!
후딱 끝내고 올게!"

대청소 시작!

1. 거실 가구 재배치(+ 바닥 쓸고 닦기)

기저귀 갈이대는 화장실과 가깝게 배치!

2. 젖병 세척(열탕/자외선 소독 포함!)

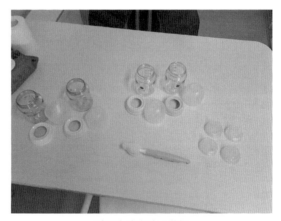

젖꼭지 사이즈는 더블S

3. 세면대 수도꼭지 교체

아기 엉덩이 씻길 때 용이함.

4. 카시트 세탁 및 설치

조리원 퇴소할 때 따복이를 태워야 함.

"따복이 맞을 준비 끝!!"

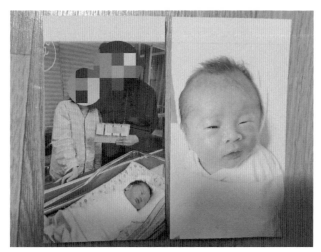

우리 예쁜 따복이♥

따복아!

아빠는 너무 행복해.

2주 일찍 널 보게 되어서 정말 행복해.

우리 예쁜 아기천사!

얼른 집에 와서 먹고 싸고 자고 다 하자!

5

돌림자

🗓 **2024.01.26 금요일**

(빰바람! 빰바람! : 휴대폰 벨소리)

"예, 아버지~"

아버지 : 그래, 우리 따봉이는 잘 있지?

"예…? 따봉…이요?"

아버지 : 그래, 우리 따봉이!

"아버지, 따복이입니다…."

아버지 : 그게 무슨 소리냐…?

　　　　맨 끝에 돌림자 넣어서 당연히 따봉이 아니냐?

"아버지… 따블로 복 받으라고 따복이로 했습니다."

아버지 : 뭐라고…?

　　　　상의도 없이 니들끼리 정했다는 거냐?

　　　　어떻게 그럴 수가 있니!

"저… 아버….."

아버지 : 족보에는 따봉이로 올라가니깐 그렇게 알고 있어라!

(뚜…뚜…뚜…)

'……'

행복이 : 여보… 왜?

"에휴…."

행복이 : 아버님이 애 이름 별로 마음에 안 들어 하셔?

"남따복으로 출생신고하고 올게."

행복이 : 어…? 지금 바로?

　　　　아버님이 탐탁지 않아 하시는 거 같은데….

"어차피 남 씨니깐 이름은 당신이 짓기로 했었잖아.
한 입으로 두말하면 가장의 면이 서겠나!"

행복이 : 이야~~ 보험왕인 줄 알았더니.

　　　　이렇게 소신 있는 모습도 있었네? (ㅋ.ㅋ)

"후딱 갔다 올 테니깐.
당신은 1도 걱정 말고 있어!"

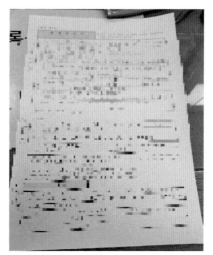

동사무소에서 적은 출생신고서 / 개인정보 모자이크 처리

"따르릉! 따르릉!"

"예, 아버지. 출생신고하고 왔습니다."

아버지 : 그래~ 큰아버지한테는 따봉이라고 했다.

　　　　족보에도 그렇게 올라갈 거다.

"출생신고는 따복이로 했습니다."

아버지 : 아니 얘가!

　　　　너 진짜 그럴 거야?

　　　　애 이름이 얼마나 중요한 건데!

　　　　내가 널 그렇게 가르쳤니?

"아버지 정말 죄송합니다.
따복이로 하겠습니다."

아버지 : 너 정말 왜 그러는 거야!

　　　　도대체 뭐가 문제야!

"예, 아버지. 제가 나중에 다시 전화 드리겠습니다.
죄송합니다."

아버지 : 당장 따봉이로 개명…

(뚜… 뚜… 뚜…)

행복이한테 안겨 있는 따복이(수유실에서)

행복아! 나는 돌림자보다 당신과의 약속이 더 중요해.

따복이! 이름 정말 예쁘게 지었네. (^.^)

남유복! 이제는 보험왕 하지 마라!

6

RS바이러스

큰 사건이 발생했다. 조리원 612호 아기들이 RS바이러스에 감염되는 사건이….

행복이 : 저번에는 감기가 창궐하더니…

　　　　이번에는 RS바이러스?

　　　　아니 무슨 조리원이 이 모양이야!

"정말 이상하단 말이야…

왜 자꾸 전염병이 돌까…?"

행복이 : 그래도 따복이가 612호 말고 신생아실로 간 게 정말 다행이다….

(따르릉! 따르릉! : 호실 전화벨)

"예, 이행복 산모 보호자입니다."

간호부장 : 네, 보호자님, 안녕하세요.

간호부장입니다.

혹시 1시간 뒤에 잠깐 보실 수 있으실까요?

"왜 그러시는데요?"

간호부장 : 정말 면목 없습니다…

이번 감염 사태에 대한 단체 회의를 좀 진행하려고 합니다….

"감염 경로도 파악되지 않은 상황에서 단체 회의를 하신다고요?"

간호부장 : 아 그게… 다른 산모 분들이 다 같이 모이는 자리를 원하십니
다….

"하… 일단 알겠습니다.
아내하고 상의해 보겠습니다."

간호부장 : 네 산모님과 충분히 상의해 보시고요…

　　　　　오실 수 있으시면, 1시간 후에 체온측정 장소에서 뵙겠습니다.

(뚜… 뚜… 뚜…)

'……'

행복이 : 왜 여보? 누구야?

"간호부장…

다른 산모들이 단체 회의를 주선하고 있다네…

단체 회의는 아직 이르지 않나 싶은데."

행복이 : 그래도 나가봐야 하지 않을까?

　　　　　괜히 우리만 쏙 빠졌다가 오해받는 거 아니야?

"에이 설마…

우리 따복이는 감염도 안 됐는데…."

행복이 : 당신이라도 가보는 게 좋을 거 같아.

"음… 그래, 알겠어."

시간 맞춰 체온 측정 장소로 갔다.

"어? 아직 아무도 안 오셨네요?"

간호부장 : 아 네네…

　　　　　한 분은 마사지 받고 계시고요…

　　　　　다른 두 분은 1층 로비에서 조부모님 뵙고 계시답니다….

"그러면 저 포함해서 총 4명인 거네요?"

간호부장 : 네네…

　　　　　혹시 조금만 기다려 주시겠어요…?

　　　　　죄송합니다….

"괜찮습니다.
시간 약속을 어기는 게 잘못된 거죠."

(지이잉 : 6층 엘리베이터 열리는 소리)

P 산모 : (엘리베이터에서 내리면서) 제가 좀 늦었네요!

U 산모 : (엘리베이터에서 같이 내리면서) 미안합니다!

간호부장 : 아 네…

　　　　저… 산모님… 자꾸 조리원을 벗어나시면 안 되세요….

U 산모 : 아니~ 저기요!

　　　　그럼 이미 오신 조부모님께 다시 가시라고 할까요?

간호부장 : 아이고…

　　　　원래는 부모님 면회도 코로나 규정상 안 됩니다….

P 산모 : 허 참… 간호부장님, 말을 참 이상하게 하시네요?

　　　　조부모님 뵙고 온 게 그렇게 잘못된 건가요?

간호부장 : 아이고… 아닙니다…

　　　　정 그러시다면… 마스크라도 잘 착용해 주셔야….

P 산모 : 네? 아, 뭐야~~

　　　　언니! 그냥 올라가자!

　　　　여기서 무슨 얘기를 더 하겠다고!

U 산모 : (홱 돌아서면서) 조리원이 왜 이 모양인가 했더니!

P 산모 : (U 산모를 따라가면서) 별꼴이야 정말!

'……'

(몇 초간 정적)

"참 고생 많으십니다…."

간호부장 : 죄송합니다….

"에효…
저도 올라가 보겠습니다."

이 몰상식한 인간들아!

병원 규정에 잘 좀 따라라!

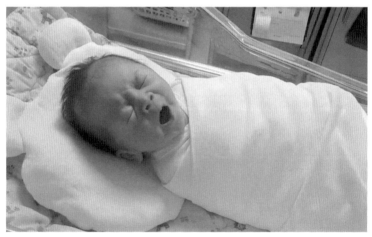

하품하는 따복이(6층 신생아실)

7
모자동실

오늘은 조리원 퇴소 전 호실에서 따복이를 함께 돌볼 수 있는 날이다.(모자동실의 날이다.)

(스르륵! : 호실 문 열리는 소리)

L 관리사 : (요람을 끌고 들어오면서) 아기 데려왔습니다~.

행복이 : 따복이 왔구나~!

"오구오구 우리 이쁜 내 쉐끼~~"

L 관리사 : 기저귀는 방금 갈고 왔고요.

　　　　　한 시간 정도 있다가 분유 먹이시면 되세요.

"알겠습니다."

L 관리사 : (호실 밖으로 나가면서) 특이사항 생기시면 신생아실로 콜 주세요~

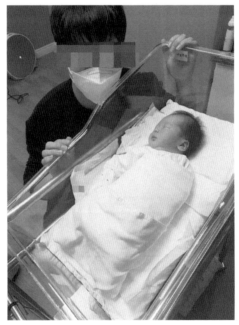

호실로 온 따복이(with 남유복)

"아기 자는 것 좀 봐…
완전 똥글똥글하고 오밀조밀 다 모여 있네… (ㅎ.ㅎ)"

행복이 : 그러게~~

　　　너무 예쁘지…? (^.^)

"응! 완전!
오이고 내 쉐끼~~ (〉.〈)"

행복이 : 보니깐 눈은 당신 닮은 거 같고.

　　　코하고 입은 날 닮았네.

"이야~~ 골고루 다 가져갔네!"

(아으! 어엉! : 따복이 우는 소리)

"너무 크게 말했나…?
깨버렸네…"

행복이 : 그냥 맘마 먹을 시간이라서 깬 거 아니야?

"아까 한 시간 뒤에 주라 했는데~
아니면… 기저귀 때매 그러나?"

행복이 : 기저귀 살짝 봐봐 여보~

"(속싸개를 풀면서) 자~ 우리 따복이 한번 볼까?
잉? 안 쌌는데?"

행복이 : 맘마 먹고 싶나 보네~

따복이 : 아앙! 어웅!

"오옹~ 우리 이~~쁜 따복이 잠깐만요옹~~
아빠가 맘마 타서 줄게요옹~~"

"잘~~ 먹네!
배고팠었구나~~"

행복이 : 거봐, 내 말 맞지?

"이야~~ 그걸 어떻게 알았대?"

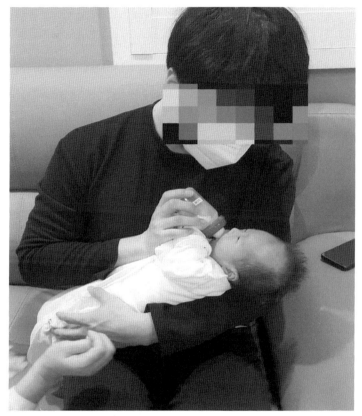

분유 먹는 따복이

행복이 : (ㅋ.ㅋ) 우는 소리만 들어도 딱 알지 뭐~

"근데 볼 때마다 너무 신기하다…

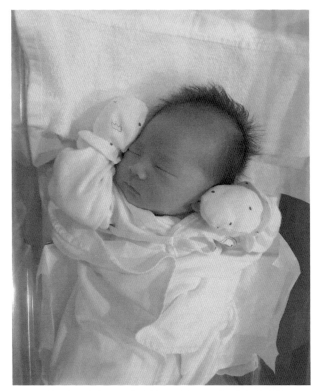

분유 먹고 다시 자는 따복이(모로반사로 속싸개가 풀어졌음)

이 친구가 당신 배 속에 있었던 거잖아~"

행복이 : 헤헤 (^.^)

　　우리가 고귀한 생명을 낳은 거야….

행복아!

입덧부터 출산까지 정말 고생 많았어.

집에 가서는 내가 하나부터 열까지 다할 테니깐

아무것도 하지 말고 산후조리만 해!

억~~~수로 사랑합니데이!

8

집으로!

 2024.02.05 월요일

조리원 퇴소 날이다.

행복이 : 여보~ 이거 차에 붙여줘.

"와~~ 이거 보면 사람들이 알아서 다 피해 가겠다! (ㅋ.ㅋ)"

행복이 : 그치 그치~?
　　　　역시 이런 거 붙일 때는 A4가 짱이여!

신생아 이동 문구

"(조리원 상담실로 가서) 전자출입 카드 반납하겠습니다."

조리원 매니저 : 퇴소 축하드립니다~

행복이 : 병원 진료 예약 가능한가요?

조리원 매니저 : 아니요, 산모님.

　　　　　　　저희는 병원하고 법인이 달라서 3층에서 예약해 주셔야

　　　　　　　합니다.

행복이 : (얼굴이 빨개지면서) 예전부터 좀 궁금했었는데…

　　　　법인은 왜 다른….

"여보! 여보!

따복이가 신생아실에서 기다리잖아~~

얼른 3층 가서 진료 예약하자~"

행복이 : 어후… 진짜…

(지이잉! : 3층 엘리베이터 열리는 소리)

행복이 : (데스크로 가서) 진료 예약하러 왔습니다.

A 간호사 : 조리원 퇴소이신가요?

행복이 : 네네.

A 간호사 : 다음 주 월요일 오후 2시에 오시면 됩니다.

행복이 : 네~ 감사합니다.

A 간호사 : 퇴소 축하드려요~

데스크 옆으로 실습생이었던 T 간호사와 새로 들어온 산모가 지나갔다.

T 간호사 : 내일까지는 보호자 분 꼭 같이 대동해서 다니셔야 합니다.

　　　　　갑자기 어지러우실 수도 있으셔서 그래요.

　　　　　혈압은 주기적으로 재실 거고요.

(중략)

산모님, 잘 듣고 계시죠?"

새로 들어온 산모 : …….

T 간호사 : 아! 그리고 혹시~ 코 고시나요?

새로 들어온 산모 : 네…?

행복이 : (귓속말로) 여보… 진짜 청출어람이다….

"그러게…

얼른 여기서 나가자…."

모든 짐을 챙기고 1층 주차장으로 내려왔다.(따복이도 신생아실에서 데려왔다.)

"자~ 이제 출발하면 되지?

집으로 드디어~~ 출발!!"

행복이 : 출바~~알!

(끼익! : 자동차 급제동 소리)

주차요원 : 어이 아저씨!

"아… 갑자기 끼어드시면 어떡해요!"

주차요원 : 주차장에다 주차하지 말랬죠!

"네…?

아이고… 자리가 이렇게나 많은데…."

주차요원 : 자리가 많든 말든 승용차는 무조건 타워에 넣어야 합니다!

　　　　아시겠어요?

"짐 실어야 해서 잠시 대 놓은 건데요…

퇴소 날이라…."

주차요원 : 아… 진짜 혈압 오르게 하네!

"예~ 죄송합니다~

좀 지나갈게요~~"

(집으로 가는 차 안)

행복이 : (얼굴 빨개짐) ……

"잉…? 여…보?"

행복이 : 저번에… 주차장에서 복잡한 일이 있었다길래…

　　　　설마 그런 인간이 세상이 있을까 하고 당신이 그냥 둘러대는 줄

　　　　알았는데…

　　　　진짜 있었어….

"에흐~~ 이제 다 끝났잖아…

잊어버리자!"

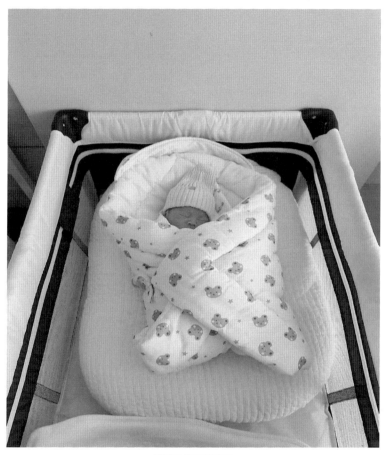

집으로 온 따복이♥

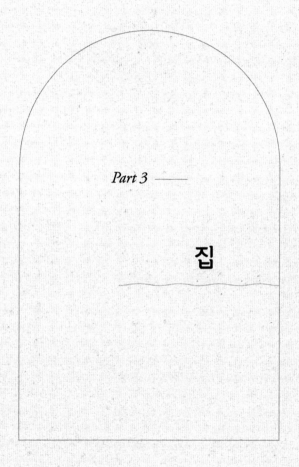

Part 3 ——

집

1

부모님 방문

📅 **2024.02.27 화요일**

(빰바람! 빰바람! : 핸드폰 벨소리)

"예 어머니~"

어머니 : 아들! 우리 밑에 도착했으니깐 짐 좀 가지러 내려와~

"예 알겠습니다."

(지이잉~ : 1층 공용 현관문 열리는 소리)

어머니 : 아드을~~~!!
　　　　아이고 애 얼굴이 반쪽이 됐네….

아버지 : 일하는 거보다 애 보는 게 더 힘들지?

"아… 예, 얼른 출근하고 싶….'"

아버지 : 옛끼!

　　　　행복이 앞에서는 그런 말 절대로 하지 마라!

어머니 : 아니~ 당신은!

　　　　보자마자 애한테 왜 그래요~?

아버지 : 그리고 너!

　　　　행복이가 애 이름 지었다고 왜 진작에 얘기 안 했어?

　　　　내가 이런 거까지 새아기한테 직접 들어야겠니?

"예…?"

아버지 : 전화로 울면서 죄송하다고 그러는데….

"아버지… 그게 아니…"

아버지 : 에잇!

　　　　새아기가 군대도 기다려 주고!

　　　　너 대학생 때 혼자 돈 벌어서 먹여 살리고!

　　　　에효…

　　　　되레 내가 미안하다고 그랬다!

"죄송합니다…."

어머니 : 아 정말!

　　　　당신 여기까지 와서 계속 그럴 거예요?

아버지 : ……

‘……’

어머니 : 아들! 얼른 이거 들고 올라가!

　　　　여보! 나, 다리 아파요!

(삐리링! : 현관문 열리는 소리)

행복이 : 아버님~! 어머님~!

　　　　오셨어요~? (^.^)

아버지 : 아이고~~ 우리 새아기 잘 지냈니?

어머니 : 애 낳는다고 고생 많았다~

　　　　아직 여기저기 냉하고 많이 쑤시지…?

행복이 : 네… 그래서 지금 한의원 다니고 있어요~

어머니 : 아이고… 니가 고생이 많다….

행복이 : 그래도 유복 씨가 육아휴직 쓰고 전담해서 돌봐 주고 있어서…

　　　　편하게 잘 쉬고 있어용 어머님~ (^.^)

어머니 : 그래~~ 무조건 유복이보고 다 하라고 해라~

아버지 : 근데 우리 따복이가 안 보이네?

　　　　방에서 자냐~?

부모님이 가져오신 고기(꽁꽁 얼려서 아이스박스에 보관된 상태였음.)

"(안방 문을 열고 나오면서) 짜잔!

따복이 여기 있습니다!"

어머니 : 오이구~~ 우리 손주!!

　　　　거기 있었어용~?

아버지 : (따복이를 안으시면서) 자~ 기도하자!

　　　　하나님 아버지, 우리 따복이가 건강하게 자라게 하시고.

　　　　지혜와 명철을 허락하여 주시옵소서.

　　　　(중략)

　　　　부모를 공경하게 하시고.

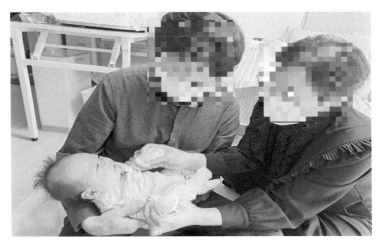
기도 받는 따복이

최대한 빨리 예수님을 인격적으로 만나게 하옵소서.

예수님의 이름으로 기도드립니다.

아멘.

아멘.

어머니 : (작은 목소리로) 아들~ 이리 와봐~

"네…?"

어머니 : (신사임당 2장) 얼른 주머니에 넣어라.

"(작은 목소리로) 아이고… 어머니….”

어머니 : (소곤소곤) 얼른 받아~

　　　　(소곤소곤) 그리고~ 따복이는 우리가 볼 테니깐 행복이랑 예쁜

　　　　카페라도 다녀와라.

"(작은 목소리로) 감사합니다, 어머니….”

어머니 : (작은 목소리로) 새아가~ 잠깐 이리 와 보렴~

행복이 : 네~ 어머님~~

어머니 : (소곤소곤) 유복이랑 나가서 바람 좀 쐬고 와라~

　　　　(소곤소곤) 밖에도 못 나가고 답답했을 텐데~

행복이 : (작은 목소리로) 어머님…

　　　　(작은 목소리로) 그렇게 하면… 제가 너무 죄송해서….

아버지 : 나갔다 오라 할 때 나가야지!

　　　　우린 두 번은 안 물어본다!

어머니 : 어머~!

　　　　다 듣고 계셨어요~?

아버지 : 아 그러면 거기서 여기까지 한 백 리 되나?

　　　　당신이 유복이 부를 때부터 다 듣고 있었지!

(방긋! 방긋! : 따복이가 웃는 표정)

아버지 : 어~어~ 할아버지가 그렇게 좋아~?

　　　　자식! 웃으니깐 예뻐 죽겠네~

"네~ 그럼 저희 잠깐 나갔다 오겠습니다."

행복이 : 감사합니다! (ㅎ.ㅎ)

어머니 : 그래~ 행복한 시간 보내고~

　　　　천천히 들어와~

행복한 시간 1 : 부대찌개 식당　　　　행복한 시간 2 : 예쁜 카페

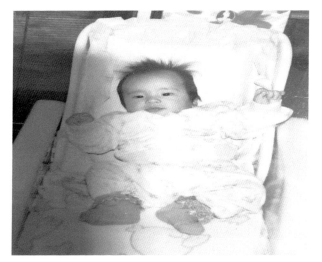

남유복 아기 때 사진

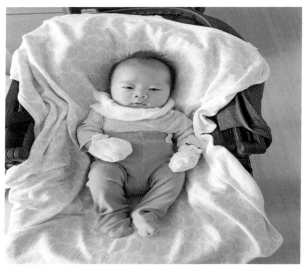

따복이♥

어버이의 내리사랑은

하늘보다 높고, 바다보다 깊으며, 태양보다 뜨겁다.

그 사랑, 한없이 깊은 그 사랑,

따복이한테 그대로 내려 주겠습니다.

아버지! 어머니!

사랑합니다!

– 따복이 아빠 올림 –

2
백일

🗓 **2024.04.27 토요일**

따복이가 드디어 백일을 맞는 날이다.

이 날을 얼마나 기다렸던가.

특별히 집에서 셀프로 백일 촬영을 하기로 했다.

행복이 : 여보~~

　　　나, 당근 거래 다녀올 테니깐 애 목욕시키고 옷 갈아입히고 있어~

"문구 거래 맞지?"

행복이 : 응 맞아~ 다녀올게~

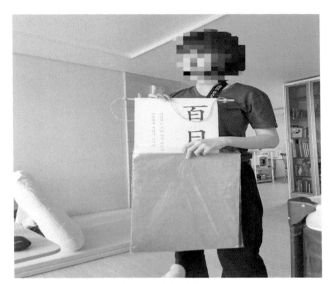

당근으로 사 온 백일 문구

일일 포토그래퍼 행복이! (카메라는 원래 집에 있었다.)

행복이 : 자~ 배경 한번 세팅해 볼까?

"여기다 매트 깔면 되지?"

행복이 : 응~ 맞아~

　　　　벽지에 문구도 부착하면 되겠다!

"알겠슴다~! (ㅎ.ㅎ)

아 맞다~ 아기 의자도 가져와야지!"

행복이 : 따복아~~ 사진 예~~쁘게 찍어보자~ ( ).( )

(촬영 시작!)

"오롤로로!! 오롤로로!!

따복아~ 여기 봐야지! ( ).( )"

(흐헷! 흐헷! : 따복이가 웃는 소리)

행복이 : 오케이~ 웃는다!

　　　　당신~ 옆으로 빠져주고!

(찰칵!)

행복이 : 아~~ 다시 다시~

"따복아~~!! 오롤로로!
여기 아빠 봐야지~ 오롤로로!!"

(흐힛! 흐헷!)

행복이 : 오케이~!
　　　빠져주고!

(찰칵!)

행복이 : 이야~~ 하나 건졌다!

"오~ 정말?
와~~ 진짜 예쁘게 나왔네!
이건 무조건 프사감이다!"

百日

사랑하는 우리 아가 백일되는날
건강하게 자라서 고마워

아기천사 따복이♥

공무팀장님

"아기 백일이니? (카톡)

축하한다! (카톡)

<u>공무팀장님</u>께서 아이스크림 케이크를 선물로 보냈습니다. (카톡)

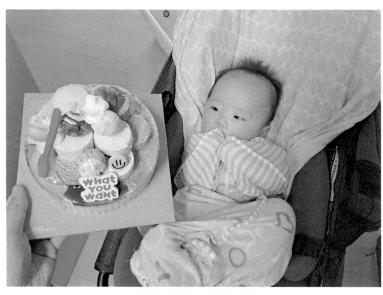

팀장님 감사히 잘 먹겠습니다!

3

이거 그 어르신 때문 아니야?

📅 **2024.05.05 일요일**

어린이날을 맞아, 외출 겸 행복이가 다니는 한의원에 따복이를 데리고 따라갔다.

한의원 문을 열자, 직원들이 어린이날 이벤트로
코스튬 복장(백설 공주, 초록색 요정 등)을 하고 있었다.

입가에 번지는 웃음을 겨우 참으며, 헐레벌떡 자리로 가서 앉았다.

따복이를 안고 있으니,
주변에서 어르신들이 예쁘다, 귀엽다 하시는 얘기가 많이 들린다.

바로 옆에 앉으신 할머님은 따복이한테서 눈을 떼지 못하셨다.

따복이가 얼마나 예뻤는지,
"아기는 멀리 봐야 한다.", "그렇게 안으면 안 된다." 등
할머님은 여러 가지 훈수를 두셨다.

다들 따복이를 예뻐해 주시니 너무 감사했다.
하지만 딱 거기까지였다.

약 5분째 이어지는 할머님 훈수에
"제가 알아서 할 테니 괜찮습니다."라고 말씀드려야 했기에 말이다.

그러나 훈수는 끝나지 않았다.

심지어 아기띠를 착용하기 위해
따복이를 잠깐 소파에 뉘어 놓은 그 찰나를 놓치지 않고,
할머님은 따복이의 어깨를 두 손으로 꾹꾹 누르셨다.

그걸 보고 너무 깜짝 놀란 나머지
정말 0.3초 만에 할머님의 손을 강제로 떼어놓았다.

이 상황에서 결국 따복이는 울음을 터뜨렸다.

할머님은 자리로 돌아가시더니,
뾰로통한 얼굴로 효(孝)와 관련된 유튜브 영상을 크게 틀고 시청하셨다.

그러면서 "남자가 얼마나 못났으면, 아기 엄마는 어디 가고 혼자 왔누,
쯧쯧…."
이런 말씀을 하셨다.

서둘러 따복이를 아기띠에 태우고 그 자리를 피할 수밖에 없었다.

화장실에 간 행복이는 대기실에서 따복이 우는 소리가 나자,
물기 젖은 손 그대로 뛰쳐나왔다.

그제야 할머님은 유튜브 소리를 줄이시고,
우리 쪽을 힐끔힐끔 보시면서 진료 차례를 조용히 기다리셨다.

행복이가 진료 차례가 되어 원장실로 들어가자,
불편한 자리를 피할 겸 놀이방에 들어가 보았다.

놀이방에도 코스튬 복장이 여러 벌 있었다.

어린이날을 맞아 아이들을 위해 구비해 놓은 듯했다.

한의원 놀이방에 있는 코스튬 복장

집에 가려고 한의원을 나서려는 순간,

따복이의 퉁퉁 부은 발톱이 보였다.

"어? 애 발톱이 왜 부어있지?"

그 어르신 때문인 것 같았다.

"이거 그 어르신이 애 어깨를 눌러서 이렇게 된 거 아니야?!"

나는 집에 가서도 한동안 어르신 핑계를 댔다.

아기가 보채도
"이거 분명 그 어르신이 애 어깨를 눌러서 보채는 거 같은데?!"

따복이가 기침을 해도
"그 어르신이 애 어깨 누를 때, 침이 튀어서 기침하는 거 같은데?!"

하도 그러니 행복이는 듣기 싫다며 짜증까지 냈다.
"아! 그게 왜 그 어르신 때문이야!
그만 좀 해 진짜!"

아직도 그 어르신 핑계는 현재진행형이다.

딱 오늘까지만 핑계 대려고 한다.

4

검은 조직의 음모

평화로운 일상,
따복이를 아기띠에 태우고 집 안 이리저리 돌아다니고 있었다.

거실에 왔을까,
"(킁킁) 이게 무슨 냄새지?!"
갑자기 탄내가 났다.

그래서 출처를 찾기 위해 온 집안을 돌아다녔다.

행복이도 동참했다.
"어? 뭐지? 탄내가 좀 심하게 나는데?"

우리는 두꺼비집을 내리고 가전제품 콘센트를 뽑으면서 이상 여부를 살폈다.

그러다 거실 인터폰을 보게 되었는데,
화면이 제멋대로 왔다 갔다 하고 있었다.

혹시나 해서 냄새를 맡아보니, 뜨끈뜨끈 찐한 탄내가 났다.

나는 곧바로 인터폰 전원 스위치를 꺼버렸다.

관리사무소에 헬프 전화를 했으나, 돌아오는 답변은
"거실 인터폰 AS 및 교체는 원래 각 가정에서 해야 하는 건데,
최근 들어 인터폰 고장 문의가 많이 들어와서,
편의상 게시판에 인터폰 공동구매 공고문을 붙여 놓았으니, 참고할 것을
권한다"였다.

동 게시판에 가서 확인해 보니, 605,000원….

그 순간 뭔가 싸함을 느꼈다.

인터폰 공동구매 공고문

공고문에 명기된 업체는 약 1주 전 동 출입구 인터폰을 교체했던 바로
그 업체였다.

'어? 뭐지? 왜 업체가 같지?

일주일 전에 동 출입구 인터폰이 교체되었던 것 같은데…?

음… 그때부터 우리 집 거실 인터폰이 좀 이상해진 거 같기도 하고…

13년 된 우리 집 거실 인터폰과 새로 교체된

동 출입구 인터폰이 문제없이 전기적 상호작용을 이룰 수 있을까…?'

게다가 바로 옆에는 소화기 공동구매 공고문도 붙어 있었다.

'뭐지? 화재가 날 걸 이미 예상하고…?

그럼 그렇지!

이거 다 짜고 치는 판 아냐?'

나는 헐레벌떡 집으로 돌아와서, 검은 조직의 음모를 증빙하기 위해 작전을 짰다.
'만약 공용 인터폰 교체로 우리 집 거실 인터폰에 문제가 생긴 거라면,
다른 집 인터폰에도 문제가 생겼을 거야!
오케이! 그러면 다른 집에 가서 인터폰이 고장 났는지 한번 물어보면 되겠네?'

(딩! 동! 댕! 동!)
그때 세대방송이 흘러나왔다.
"관리사무소에서 알려드립니다.
인터폰 및 소화기 공동구매를 원하시는 세대원께서는…."

(후다닥! : 방송이 채 다 끝나기도 전에 밖으로 뛰쳐나와 버렸다.)

그리고 가장 먼저 옥상으로 가서 문이 열려 있는지를 살폈다.

아니나 다를까,
벌써 옥상 출입문에는 화재대피구로 착각하지 말라는 문구가 붙어 있었다.

검은 조직이 붙인 것으로 추정되는 문구

옥상에서 비상계단으로 내려오면서 전 층을 대상으로 설문조사도 강행
했다.

"(땡동!) 혹시 인터폰 고장 안 나셨나요?"

하지만…

"인터폰을 문제없이 잘 사용하고 있다."라는 답변이 99%….

조사 결과는 내 추측이 틀렸다는 반증이 돼 버렸다….

'동 출입구 인터폰 교체가 거실 인터폰 고장과는 전혀 무관하다.'라는 결론이 나자,

뭔가 되게 억울하면서도 허무했다.

그렇게 터덜터덜 집으로 돌아올 수밖에 없었다.

집에서 나를 기다린 건 시원한 등짝 스매싱이었다.

"아! 어디 갔다가 이제 들어오는 거야!"

등짝을 맞고 나니 뭔가 억울함이 배가 된 기분이었다.

"아… 왜!"
"미안해…"
"뭐! 뭐! (ㅠ.ㅠ)"

그렇게 토라진 채 방으로 쓰윽 들어와 버렸다.

5

흩날리는 파편들 속에서

(꽉!)

분유 포트가 완전 박살이 났다.

분유 포트를 세척하기 위해 싱크대로 가져오는 도중 그만 손에서 미끄러져 버렸다.

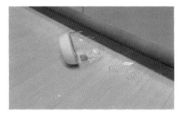

아…

떨어지는 분유 포트를 살리기 위해… 순간 내 발등을 가져다 댔지만, 분유 포트는 물론 내 발등까지 깨지고 말았다.

부엌에서 "으휴 으휴" 거리고 있노라니,
거실에 누워 있던 따복이도 "으휴 으휴" 옹알이로 따라 한다.

정말 스펀지 같은 습득력이다.
앞으로 따복이가 들을 수 있는 곳에서는 긍정적인 말만 해야겠다.

이른 시간에 뭔가 "팍!" 하는 소리가 난 후에,
"으휴 으휴" 소리가 들리니깐, 자고 있던 행복이가 방문을 열고 나왔다.

아… 불길한 예감…
오늘 하루 등짝 스매싱으로 시작하려나…

경직된 표정으로 행복이를 바라보고 있는데…
"당신 어디 안 다쳤어? 괜찮아?"라고 하면서
놀란 표정으로 부엌으로 달려오는 게 아닌가!

예상과는 다른 말을 들어서였을까 감동이 밀려왔다.
"오… 여보… 정말 감동적이야…."

그러자 행복이는 고개를 갸우뚱하더니,

"뭐가 감동적이야.

이따 당근으로 분유 포트 다시 새로 사와야겠네."라고 툭 던지듯 말했다.

정말이지 멋있었다….

"여보!

가까이 오지 마!

파편 때문에 다쳐!

내가 할게!

청소기만 거실에서 좀 가져다줘."

나는 기분 좋게 흩어진 파편들을 치웠다.

정오쯤 되어 외출했던 행복이가 들어오더니,

우와… 정말 분유 포트를 새로 하나 구해왔다.

"(툭 : 분유 포트 내려놓는 소리) 이거 잘되는지 한 번 써보고 말해줘."

진짜… 사고 수습은 행복이가 다하는 거 같다….

"우리 외무부 장관 최고!"

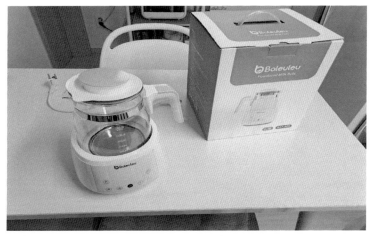
행복이가 당근으로 구해 온 새 분유 포트

한편 마음속 한구석에는 알 수 없는 불안감이 떠나지 않고 있었는데,
새로 구해 온 분유 포트를 보자 그게 뭔지 알아차렸다.

'아… 사고 치면 용돈에서 감하기로 저번에 얘기되었던 것 같은데…?
아, 안 돼…!'
그래서 분유 포트값이 용돈에서 깎일까 염려스러운 나는
일부러 상처난 발등을 보여주면서 동정심 유발 작전에 돌입했다.
"아… 아까 분유 포트 떨어질 때, 가져다 댔더니 아프네…."

행복이는 내 발등을 유심히 보더니,

"에휴… 다음엔 뭐 떨어지는 거 있으면 그냥 피해버려….".라고 하면서

방으로 쏙 들어가 버리는 것이 아닌가.

작전이 제대로 먹힌 것 같았다!

이 날의 금기어는 자연스레 '용돈'이 되었다.

'용돈의 '용' 자도 절대 꺼내면 안 되리라!'

평소 따복이가 토끼띠냐(행복이 주장) 용띠냐(내 주장) 논쟁하는 것도

오늘만큼은 절대 금물이다.

아, 용돈이 깎이지 않아서 정말정말 천만 다행이다(ㅎ.ㅎ).

6

미션 파써블

📅 **2024.05.09 목요일**

"아!
여보 나, 방금 손목 나간 거 같은데…?"

행복이가 따복이를 들어 올리다 손목을 삐끗했나 보다.

"아이고, 조심했어야지…
얼른 가서 얼음찜질해, 여보!"

행복이는 나한테 뭔가 할 말이 있는 듯해 보였다.

"여보 근데 오늘 나, 맘단톡방 엄마들 카페 모임 있는데, 이거 어떡하지?

손목이 나가서 혼자서는 못 갈 것 같은데…
당신이 같이 따라와 주면 안 돼?"

"잉? 언제 모이기로 했는데?"

"지금 8시니깐…
9시 반까지 거기 가야 해…."

"응?!
시간이 얼마 안 남았네?!
근데 카페 모임이면 밥 먹고 가야 하는 거 아니야?
아! 그리고 생각해 보니
오늘 당신 차에 카시트 자국 방지 시트도
설치해 주기로 했던 것 같은데?!"

(응애! 응애! 응애!)

'응…? 애가 갑자기 왜 울지?
기저귀인가? 아…! 맞다! 지금이 분유 수유 텀이네!'

'아… 이대로는 안 된다!'

"지금부터 작전명 '미션 파써블'을 공표한다!
1시간 내로 모든 일을 처리하고, 그 카페로 30분 안에 이동하도록 하겠다!"

"아… 손목 아파…
여보! 어떻게든 9시 반까지 카페에 갈 수 있도록 총력을 기울여 줘…!
맘단톡방 방장이 늦으면 뭐가 되겠어…(ㅠ.ㅠ)"

1st. 따복이 분유 수유 180ml 35분 컷! (트림 시간까지 포함, 게우는 거 없었음.)

2nd. 냉장고에 육개장 밀키트 조리 및 시장에서 사 온 나물
들기름에 무쳐서 밥상 차림 10분 컷! (행복이가 맛있게 잘 먹었음.)

3rd. 지하 주차장으로 내려가서 행복이 차에 설치된 카시트 밑으로
눌림 방지 시트 세팅 10분 컷! (내 차에도 시트 설치함, 유모차 싣는 것까지 완료.)

이렇게 도합 55분 만에 모든 일 처리를 완료했다!

"여보! 이제 출발하면 돼!

나가자!"

"오… 고마워 여보!
당신이 육아휴직 쓴 덕분에 내가 이렇게 덕을 보네…
카페 가서 커피 한 잔 사줄게!"

10시 55분 맘단톡방 모임 카페 도착!

(우리가 가장 먼저 도착했다.)

"여보, 엄마들 모임 시간 동안에 나는 저쪽 자리에 가서 시간 보내고 있
을게!"

"그래, 알았어(^.^)
당신 아이스 카페라떼라고 그랬지?
주문해 놓았으니깐 찾아가면 돼! (ㅎ.ㅎ)
자 여기 영수증!"

그날 모인 엄마들은 총 12명! 모인 아기들도 12명!
카페에 울려 퍼지는 아기 울음소리 메들리는
환상의 하모니 같았다(나만 그랬을지도…).

그날 모인 아가들(행복이한테서 받은 사진)

"오! 지금 우리 따복이가 우는 거 같네!

이야~ 확실히 구분되네!

와… 나, 아빠 맞나 보다…."

그렇다.

나는 육아휴직을 쓴 아빠다!

그리고 오늘의 미션을 클리어한 능력자 아빠다!

7
상전마마

📅 **2024.05.10 금요일**

(으어! 으에엥! 에어!)

요즘 들어 따복이는 옹알이가 정말 많이 늘었다.

"여보, 카페 도착까지 얼마나 남았어?"

맘단톡방 방장인 행복이는 육아맘들과의 스케줄이 많았다.

(어제 육아맘 모임에 이어서 오늘 또 다른 약속이 잡혔다.)

"그래도 어제보다 손목이 좀 괜찮아졌나 보네?
오늘은 운전도 직접 하고? 참 다행이야…(^.^)

이제 다음 주부터는 당신 혼자 다녀도 될 거 같지?"

(으에에엥!)

"(ㅋ.ㅋ) 따복이가 계속 엄마 따라다니면서 서포트하라는 거 같은데?"

"잉…? (ㄷ.ㄷ)"

(뿌에에엥! 으앙! 흐억!)

"따복이가 그게 아니라는데?
아빠가 요즘 너무 고생하고 있다고, 아빠 최고라고 하는 거 같은데?"

"그래서!
내가 손목이 아픈데, 당신이 도와줘야지!
맞지 따복아?"

(으어! 흐어!)

항상 따복이는 차가 멈추면 울고 다시 출발하면 잠이 든다….

"아이고~! 우리 상전마마께서

웬만하면 신호 없는 자동차 전용 도로로 가시라고 합니다요!

예~ 상전마마~ 제가 이 기사한테 잘 전달했사옵니다…!"

따복이 : 으어! (추정 : 잘했다!) 으에! (추정 : 굳굳!)

"진짜 웃기는 짬뽕들이네…? (ㅋ.ㅋ)"

드디어 카페 도착! (오늘 자 카페는 힐링 뷰가 포인트다!)

"우와! 사진보다 실제 뷰가 더 예쁘네!"

"그치? 오길 잘했지?

당신 계속 나 따라다니면, 지금처럼 예쁜 거 많이 볼 텐데! (ㅎ.ㅎ)"

'음…?

계속 따라다니면 피곤할 거 같은데…?'

"그… 여보, 나는…."

그때 맘단톡방 멤버가 반갑게 인사를 했다.

"방장님 안녕하세요! ( ).( )

오… 남편 분도 같이 오셨네요?

손목은 좀 괜찮으세요, 방장님?

이야… 얼마나 걱정됐으면, 이렇게 남편 분도 같이 따라오시고!"

(으어! 으어!)

"어머! 따복이? 라고 했었죠?

오옹~ 아빠 잘 따라왔다구?

아이 귀여워!"

'참… 요즘 들어 따복이가 옹알이를 많이 하는 거 같다….'

"하! 하! 하! 그렇죠!

제가 이러려고 육아휴직 쓴 거 아니겠습니까?"

"어우~ 역시 여보!

고마워~~!

그럼, 우리 들어가서 주문 좀 하고 올 테니깐 잠깐만 애들 좀 봐줘! (ㅋ.ㅋ)"

"응…? 잠깐만!

다 같이 들어가서 기다리자…(ㄷ.ㄷ)"

"우리 여기 본관 말고 저 옆에 별관 가야 해!
별관이 에어컨도 있고 더 괜찮은 거 같던데?
조금 있다가 어차피 다시 나와야 하는데,
그냥 애들 데리고 조금만 있어 줘!
부탁해~!"

(카페로 들어감…)

먹음직스럽게 보이는 빵들

아기천사들과 힐링 뷰

행복이와 따복이

"네~ 부탁 좀 드릴게요! (^.^)"

(따라서 들어감)

"어엇!
알겠습니다…!"

'음… 상전마마가 한 명이 아닌 듯한 이 기분은 뭘까…?'

(으어! 으어!)

8

화장실 담배 냄새

📅 **2024.05.11 토요일**

화장실로 들어갔던 행복이가 얼굴을 찡그리면서 다시 나왔다.

"아… 여보!
안방 화장실에서 또 담배 냄새가 나…! (ㅠ.ㅠ)"

"잉? 아직도 담배 냄새가 나?!
관리사무소에서 흡연 피해 문구 1층에 붙여 놨다고 했는데…."

"애가 있어서 단체 소독도 안 받고 있는 이 마당에, 담배 냄새가 웬 말이
야 정말…."

안방 화장실에 가보니, 딸기향 비슷한 냄새가 환풍기를 통해 스멀스멀 들어오고 있었다.

"이거 전자담배인 거 같은데?
아… 안 되겠다…
내가 관리사무소에 가서 다시 한 번 얘기해 볼게!"

동 출입구를 나오니, 저 멀리 관리사무소 C 과장님이 걸어가시는 게 보였다.

"(후다닥 : C 과장님 쪽으로 달려감) 과장님!!
잠시만요!!"

"엇!
왜 그러시죠?"

"아… 저번에 담배 냄새 때문에 관리사무소에 전화한 사람인데요…
그럼에도 화장실에서 담배 냄새가 계속 나서요…
혹시 세대 방송 한 번 해 주시면 안 될까요?"

"아이고! 흡연 피해 문구 붙였는데도 담배 냄새가 계속 나네요?"

흡연 피해 문구(1층 엘리베이터)

"네…

저희 집에 100일 좀 넘은 애가 있…"

"저기! 잠시만요!"

"네…?"

"근데…

다 같이 사는 아파트라는 공간에서, 아쉬운 사람이 좀 참고 살아야 하지

않을까요?

그리고 세대 방송 듣고 사람들이 자발적으로 집에서 담배 안 폈으면,

지금처럼 입주민님이 저를 찾아올 일도 없었지 않았을까요?"

"그게 무슨 말이시죠…?

이해가 잘 안 되는데요…."

"허참… 이미 세대 방송은 오래전부터 해오고 있었고요!

그렇다고… 저희가 일일이 세대 방문을 다 해 볼 수도 없는 거고…."

"아, 네…

알겠습니다…."

C 과장님과 헤어진 후,

관리사무소로 가려던 발걸음을 돌려 다시 아파트 우리 동으로 돌아왔다.

'세대 방문! 그건 내가 전문이지!

저번 인터폰 고장 여부 조사할 때도 전 세대를 다 방문했었는데…

한 번 해봤으면, 두 번은 쉽다!'

곧바로 꼭대기 21층으로 올라가, 비상계단으로 내려오면서 세대 방문을 해나갔다.

"(초인종 : 띵! 동!) 안녕하세요!
저번에 인터폰 고장 여부 물어봤던 사람입니다.
혹시 집에 흡연하시는 분 있으신가요…?
제가 부탁 좀 드리려고 찾아왔습니다…
저희 집에 애기가 있는데…
안방 화장실 환기구에서 담배 냄새가 나서요….."

감사하게도 대부분의 세대원 분들은 호의적으로 응대해 주셨다.

19층 세대원 : 아이고… 애기 때문에 이렇게 세대 방문 도는 거예요?
14층 세대원 : 저희 집에도 애가 있는데… 담배 냄새가 나서….
10층 세대원 : 좋은 일 하시네요!

그러다 2층 세대 방문 중에…

"(띵! 동!) 안녕하세요!"

2층 세대원 : 누구세요!

(현관문 열리는 소리 : 툭! 탁! 벌컥!)

뭔가 익숙한 냄새를 맡게 되었다….

'어? 이 냄새… 딸기… 향?'

2층 세대원 : 누구신데요?

"아… 네~ 위층 같은 라인 사는 사람인데요.
부탁 좀 드리려고 찾아왔습니다…
저희 집에 100일 좀 넘은 애기가 있는데…
안방 화장실 환기구에서 담배 냄새가 나서…."

2층 세대원 : 아, 예!
　　　　　　　무슨 말인지는 알겠는데요!
　　　　　　　근데… 힘들게 이런 걸 왜 하세요?
"아…(딱히 할 말이 없었다.)"

2층 세대원 : 일단 무슨 말인지는 알겠습니다!

근데요!

다음부터는 관리사무소를 통해서 얘기해주세요!!

(쾅! : 현관문 닫는 소리)

한동안 우두커니 서서 2층 세대를 바라보고만 있었다….

'음… (ㅠ.ㅠ)

어? 근데 다음부터라고…?

그러면… 앞으로도 화장실에서 계속 담배를 피우겠다는 건가?! (ㄷ.ㄷ)

안 돼…!!'

그 길로 다시 관리사무소 C 과장님을 찾아갔다.

(짤랑! 짤랑! : 관리사무소 문 열리는 소리)

"과장님! 잠깐 어디 좀 다녀왔습니다!

잠시 시간 괜찮으실까요?"

"아이고… 또 오셨네…

어후… 세대 방송 해드리면 되시겠어요?"

"아… 그게 아니라…."

"어이! 거기 H 주임!
담배 냄새 방송 때려라!"

"아니요! 아니요!
과장님 잠시만요!
제가 세대 방문 다 하고 오는 길입니다!"

"예???"

그 순간 관리사무소에는 몇 초간 정적이 흘렀다.

'……'

"(핸드폰 화면) 보십쇼.
몇 층이 흡연자고 비흡연자인지 이렇게 다 적어 왔습니다!"

"아니, 세대 방문 한다고 해서…

해당 세대원이 협조해 준다는 보장도 없는데….”

“네, 그렇죠…
그래서 아직 확답은 못 받았는데….”

“(핸드폰 화면을 보면서) 아이고…
힘들게 왜 굳이 이런 걸 하셨어요?!”

“그래도 일단 같은 라인 2층 집이라는 건 알아냈습니다!
그 집에서 저희 집 화장실에서 나는 딸기향 냄새가 똑같이 나더라고요!”

‘……’

C 과장님은 잠시 뭔가를 골똘히 생각하시더니,
뒤쪽 편 캐비닛을 열어 두꺼운 책자 같은 것을 가져오셨다.

“이게 우리 아파트 환기구 도면인데요…
방금 같은 라인 2층이라고 하셨죠…?”

“네 맞습니다!”

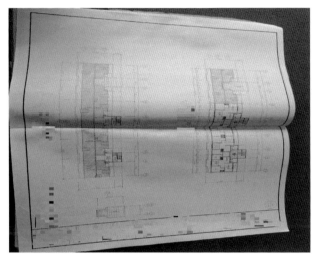

두꺼운 책자(=도면이었다.)

"우리 아파트는 각 라인별로 바로 통하게끔 환기구가 설치되어 있으니…
입주민님이 방문한 그 2층 집이 일단 유력하겠네요.
음… 오늘 그 집에 재방문하면, 오히려 더 반감이 생길 수 있으니…
저희가 내일이나 모레 그 집에 한 번 더 가보도록 하겠습니다."

"네 감사합니다! 과장님!"

그제야 기나긴 방문 여정(세대, 관리사무소)을 끝내고,
마음 편히 집으로 돌아올 수 있었다.

(삐! 삐! 삑! 삐! 삐! : 현관문 비밀번호 누르는 소리)

"여보 나왔어!"

"왔어…?
관리사무소 잘 다녀왔어?
(ㅎ.ㅎ) 안방 화장실에서 이제 담배 냄새 안 나던데?!"

"오 진짜?! (〉.〈)
잘됐네!
다행이다! (ㅎ.ㅎ)"

"뭔 일을 어떻게 한지는 모르겠지만!
참~~ 잘했네! (^.^)"

따복이 : 으어! 으어!

9

아침 루틴

📇 **2024.05.13 월요일 오전 7시 30분**

(빰바빠라람! 빰바빠라마! : 알람 울리는 소리)

"에고… 목이야…."

따복이 : (거실에서) 응애! 응애! 응애!

"아이고… 우리 따복이 벌써 깨어 있었네…."

(벌컥! : 방문을 열고 나감)

"오옹! 따복아!

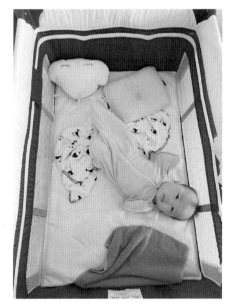

아기천사 따복이♥

기저귀 갈고 맘마 먹을까?"

(펑! : 안방 문이 열림)

"여보~!!
새벽부터 애가 막 울어서 계속 달래고 그랬는데!
나와 보지도 않고!"

"잉…? 애가 울었었어?
하나도 못 들었는데?"

"거 일부러 안 들리는 척하는 거 아임니꺼?"

"에이! 그럴 리가!
설마 하루 종일 애 보면서 집안일 한다고,
새벽에 애가 울어도 그냥 모른 척하고 잘까 봐? (ㅋ.ㅋ)"

"거 일부러 나 들으라고 하는 소리 같은데? (ㅡ.ㅡ)"

"아잇! 절대 아니지! (ㅋ.ㅋ)
이러려고 육아휴직 쓴 건데!
당신 아직 산후조리 중이잖아.
뭐 할 생각하지 말고, 얼른 들어가서 쉬어!"

(응애! 응애!)

"어어~! 따복아!
아빠가 얼른 가서 분유 타올게!
잠깐만 기다려~ (^.^)"

따복이는 한 번에 분유 200ml를 원샷 할 정도로 먹성이 대단하다….

(그렇게 하루 4번의 분유 수유를 하고 있다.)

(거억~! 걱! : 따복이 트림소리)

"아이고~ 우리 예쁜 따복이!
다 먹었어용? (˃.˂)"

"으헤! 으헷!"

"오옹~! 웃었어용?
이뿐 내 쉐끼~~
(따복이를 번쩍 안아 들면서) 내 Shake It! Sha Sha Shake It!"

"애 들고 뭐 하는 거야…(ㄷ.ㄷ);;"

"하핫! (˃.˂)"

이제 본격적인 아침 루틴을 시작해야 한다!

1st. 젖병 세척 후, 열탕/자외선 소독! (분유 포트도 같이 세척해야 함.)

열탕 소독 2~3분

2nd. 아기 옷 세탁 후, 건조기 돌리기! (개는 것까지)

예쁘게 갠 아기 옷

3rd. 아침밥상 차리기! (쿠팡 당일 도착 식재료를 사용함.)

오늘의 쿠팡 식재료!

나는 행복한 육아휴직을 보내고 있는 아빠다!

세상에서 제일 예쁜 행복이를 볼 때마다,
피로는 한 길로 왔다가 일곱 길로 도망하고,
따복이가 올 때마다 아빠로서 느끼는 책임감이 힘을 솟구치게 한다!

행복아, 따복아 사랑한다!

10

오후 일과

📇 **2024.05.13 월요일 정오**

따복이 : 응애! 응애!

"오구오구~ 우리 아기~
똥 싼 거 같은데~? (^.^)
똥.쌌.옹~? ♬ x3"

"아… 거 몇 번을 하는 겁니꺼…!"

"왜에~!
밥값 제대로 했구만 (ㅎ.ㅎ)
따복아! 너는 똥 잘 싸고, 잘 웃으면 밥값 다한 거다잉~ ( ).( )"

따복이 : 으헷! 으헷!

"오옹~ 웃었어용?
아구구~ 이뻐랑! (ㅋ.ㅋ)
(따복이를 안고 화장실로 가면서) 레츠 고! 원 모어 타임!!
똥.쌌.옹~? ♬ x3"

"좀… 1절만 해! (ㅠ.ㅠ)"

오늘 오후 일과는 비교적 한가한 편이다.

1st. 밥 앉히기. (소분해서 냉동실에 보관하는 것까지)

2nd. 로봇청소기 작동시키기. (귀여운 내 친구!)

3rd. 따복이 목욕시키기. (물 온도 체크는 필수!)

+ 먹.놀.잠. (수유텀 사이클)

내 친구 1 : 쿠쿠하세요~~ 쿠! 쿠!

내 친구 2 : 빠라빠밤바! (작동하는 소리)

스파 중인 따복이

"따복아~ 목욕하고 나니깐 시원~~~ 하제?
무척 시원~~~ 하제? x3"

"또 시작이다!!!
아! 제발…."

"왜 그래에~~ (ㅋ.ㅋ)
애한테 말 많이 걸어주는 게 좋다고 그랬어!
따복아! 시원~~~ 하제?"

"그거 그만하고, 캐리어 좀 꺼내줘!
제일 큰 걸로! (ㅇ.ㅇ)"

"뭐야! 어디 가려고? (ㅋ.ㅋ)"

"아니~~ 이제 여행 짐 좀 슬슬 싸두려고! (ㅇ.ㅇ)"

"엥…?
갑자기 무슨 여행?!"

"저번에 얘기했잖아… (ㅡ.ㅡ)
5월 20일에 친구랑 싱가포르 여행 간다고~!
여하튼… 손목 아파서 캐리어 못 꺼내겠으니깐, 얼른 좀 꺼내줘."

"협조 못 합니더!"

"(귓속말로) 좋은 말로 할 때 꺼.내.라."

'헐… (ㄷ.ㄷ)'

캐리어 비밀번호 확인 중인 행복이

"오케이! 짐 싸면 되겠네!
땡큐 땡큐!"

"그럼, 이제 뭐 더 할 건 없지?
따복이 재우러 간다~"

"아아~~ 잠깐만!
내일 아침 메뉴는 뭐로 할 거야?"

"응…? 양념 돼지고기 하려고 했는데?
왜?"

"그~ 아직 찌개 남지 않았나?
찌개에는 고등어지!
그냥 고등어 굽자! (ㅋ.ㅋ)"

"와… 담당 일진이가? (ㅋ.ㅋ)"

행복이 : 그걸~ 이제야 깨닫다니! 느려 느려~ (ㅂ.ㅂ)

"(ㅋ.ㅋ) 진짜 웃기네~"

"그럼, 내일 아침은 고등어구이로 확정!
(땅! 땅! 땅!)"

"아…! 근데~ 여보!
싱가포르에 몇 박 며칠 가기로 했다고?!"

"일주일!"

"으잉?

그건… 너무 긴데?"

"뭐 어때~ 당신이 집에 있는데!

아무 문제 없겠구먼!"

('……')

"사랑해 여봉 (♥.♥)"

나도 사랑해 행복아.

11

보일러 고장

샤워를 하다가 따뜻한 물이 갑자기 찬 물로 바뀌어 나왔다.

'아 차가워!'

"(화장실에서) 여보! 혹시 보일러 껐어?!"

행복이 : (거실에서) 아니?! 보일러 손댄 적 없는데?

"음… 그러면 방금 전까지 물 쓴 적 있어?"

행복이 : 왜 그러는데?

보일러 고장이었다. 곧바로 집주인한테 전화를 걸었다.

집주인 : 예! 여보세요!

"네~ 전셋집 세입자인데요.
보일러가 고장 나서 전화드렸어요~"

집주인 : 아? 무슨 보일러요?

"네…? 여기 전셋집 보…."

집주인 : 아아!!
        지금은 통화 좀 곤란합니더!
        우리 같은 공직자들은 업무 시간에 사적 통화 절대 안 됩니더!
        이따 오후에 다시 전화 주이소!

근무 태만을 절대로 용인하지 않는 모습!

"여보! 집주인이 뭐래?"

"아~ 지금은 업무 시간이라 사적 통화가 안 된다고 그러네…."

"거 무슨 말 같지 않은 소리!
그럼, 지금은 왜 전화 받은 거라는데?"

"그러게…
업무상 전화인 줄 알고 받은 건가…?"

(쉬익! 쉬익! : 행복이가 성내는 소리)

'헐…'
"여보… 그냥 이따 다시 전화해 볼게. (^.^);;"

<u>오후 4시 10초</u>에 다시 집주인한테 전화를 걸었다.

집주인 : 예! 여보세요!

"네~ 아까 보일러 문제로 전화한 세입자인데요~
지금은 통화 괜찮으실까요?"

집주인 : 아니~~~

　　　계약서 보니깐 이행복 씨?가 계약을 하셨더만!

　　　근데 이행복 씨가 전화 안 하시고, 다른 분이 하신 겁니꺼?

"네…?

제가 배우자인데요… (ㄷ.ㄷ)"

집주인 : 아니~~~ 그게 아니고!

　　　　계약 당사자는 뭐 어디 가셨답니꺼?

"저… 한 번만 부탁 좀 드리겠습니다.

아기 목욕도 시켜야 하는데… 따뜻한 물이 안 나와서요…."

집주인 : 아니~~~

　　　　나도 애가 셋인데! 다 그렇게 키웠어 뭘~~

　　　　그리고! 계약 당사자보고 직접 전화 주라 하이소!

원리원칙을 절대적으로 고수하는 모습!

'아… (ㅠ.ㅠ)'

"뭐야! 집주인이 뭐라 얘기했는데?"

"그 계약 당사자가 당신이어서…

　　음…."

"아 뭐! 뭐! 빨리 좀 말해!"

"그… 당신이 직접 전화해야 한다는데….'

"뭐.라.고…!?
뭐 그런 떨빵한 소리를 하고 짜빠졌노!"

"내 말이~ 내 말이~
나도 진짜 어이가 없어서….'

"아! 조용히 해! 이런 일 하나 제대로 처리 못 하고 진짜!
다시 전화해서 좀 따져야 쓰겠네!"

드디어 우리 집 최종 보스가 납셨다!

"어어… 여보 잠시만!
자! 먼저 물 한 잔 마시고~"

(디셈버의 세상에 소리쳐 ♬♬ : 집주인 컬러링)

집주인 : 예! 여보세요!

"저기요! 아저씨!
왜 보일러 안 고쳐주는데요!"

집주인 : 뭐고…

　　　　방금 통화했던 사람 아즈매 되십니꺼?

"아즈…매? (＿＿)
누가! 누구보고 아즈매라 하는 겁니꺼?"

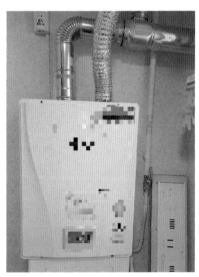

우리 집 보일러

집주인 : 아즈매도 내보고 아저씨라매!

　　　　그리고! 내가 아즈매를 아즈매라 부르지 뭐라 부릅니꺼!

　　　　아도 있다면서!

"그래! 그 아가 목욕해야 하는데!

찬물 나와서 전화한 거 아입니꺼!

서론 접고! 빨리 보일러나 고쳐 주이소!"

집주인 : 아니~~~

　　　　그걸 왜 내가 고쳐줘야 하는데?

"뭐라…꼬…요?"

집주인 : 내가 딱~~~ 보니! 그 집 아는 아즈매 닮아서 몸에 열도 많겠구만!

　　　　그냥 시원~~~하게 씻기소!

'……(몇 초간 정적이 흘렀다.)'

집주인 : 뭐고…

　　　　어이! 여보세요!

"(상냥하게) 저기요… 아.저.씨.?"

집주인 : 안 돼~ 안 돼~

　　　　뭔 말을 해도 나는 안 해 줄 꺼니깐 알아서 하이소!

"(차분하게) 민법 623조에 따라
임대인은 목적물을 임차인에게 인도하고
계약 존속 중 사용 및 수익에 필요한 상태를
유지할 의무를 부담하셔야 하는 거 알고 계시죠?"

집주인 : 으익?

　　　　아즈매! 톤을 갑자기 와 그렇게 섬뜩하게 하는데?

"(친절하게) 그리고 여기 집이 13년 정도 되었고,
따뜻한 5월 봄에 문제가 생긴 거니,
노후에 의한 고장으로 봐도 무방할 거 같은데요."

집주인 : (침묵)……

"아저씨~ 안 고쳐 주시면…
우리가 직접 고치고, 이사 갈 때 떼갈 겁니다…."

집주인 : 하이고야…
        진짜 독한 아즈매를 만났네…!
        아… 그럼 수리공 불러 보이소!

"네~~ 알겠습니다~
감사해요~"

이행복 개선장군 만세!

"와… 당신 진짜 멋있다…."

"얼른 보일러 수리 기사님한테 전화해!
어후… 피곤해!"

"알았어, 여보~(^^)"

보일러 수리 과정

"수리 끝나면, 얼마 나왔는지 알려주고!"

"네! 장군님!
본부만 내리십쇼! ( ).( ) "

"뭐야…
내가 왜 장군이야… (ㅡ.ㅡ) "

당신은 장군감이 확실해…

조선시대에 태어났으면 아마 무과 급제를 했을 거야….

아침에 차렸던 고등어구이 밥상(어제 행복이가 먹고 싶어 했음.)

12

카페에서

📅 **2024.05.15 수요일**

고향 친구가 따복이를 보러 오기로 한 날이다.

"여보~ 나 친구 좀 보고 올게!"

"그래~ 조심히 운전하고!
잘 다녀와~ (^.^)"

약속 장소는 차로 2분 거리의 스타벅스!

"따복아~ 아빠랑 외출하니깐 좋다잉~~ 그치?"

194

따복이 : 으헷! 으헷! (^^)

"어···어?

이거 왜 이래···?"

'이게 왜 방전되었을까···?

아! 저번 주 목요일!

카시트 눌림 방지 패드 설치하고 나서 램프를 안 껐나···?'

친구랑 만나기로 한 시간까지 얼마 남지 않아서, 그냥 걸어가기로 했다.

배터리 방전···

15분 정도 걸어서 도착! (꽉 차 있는 주차장…)

(지이잉! 지이잉! : 현수한테서 온 전화)

"어 그래! 현수야!"

"어어~ 유복아!
내 지금 거의 다 왔다~
2시까지 딱 맞춰 갈 거 같다!"

"아~ 맞나?
그래 그러면 니 뭐 마실래~?

먼저 주문해 놓을게!"

"오~~ 고맙데이!
그럼 내는 블론드 바닐라 더블샷 마끼아또!"

"오케이~~ 알았다! (ㅋ.ㅋ)"

"그래~ 쫌 있다 보제이~!"

"아~ 현수야!
지금 여기 차 댈 데 없다!
다른 데 주차해야겠는데~"

"아~ 맞나?
알겠데이~~"

"그래그래~ 천천히 온나!
주차 때문에 조금 늦겠네!"

"오이야~~ 고맙데이~"

"어이야~~"

현수는 유치원, 초, 중, 고를 같이 나온 고향 절친이다.

황금휴일을 반납하고 한걸음에 달려와 줘서 정말 고마웠다.

"(카페로 들어오는 현수를 보고) 어어~~!!
현수야 여기다!!"

"아이고~~~!!
남유복 슨생~~"

"그래그래~~
먼 길 온다고 고생했다!"

"사실! 니~ 보러 온 게 아이고!
우리 따복이 보러 왔지에~~~!! ( ).( )"

"아~~ 맞나! (ㅋ.ㅋ)
따복아~~~ 현수 삼촌이다!

현수 삼촌!"

따복이 : 흐엣! 흐엣!

"오~~ 아가 방긋방긋 잘 웃네?"

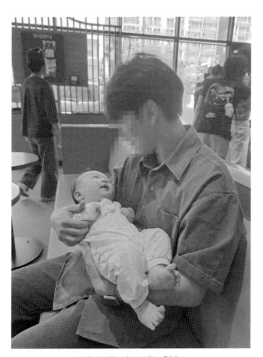

따복이를 안고 있는 현수

"이야~~ 야가 원래 잘 안 웃는데~
쉰기하네~~~"

"아~~ 맞나? (ㅋ.ㅋ)"

"우루루~~ 까꿍!!
으예~~ 발 봐라~~!
따복! 삼촌이 신발 사 줄까?"

따복이 : 으엣! 으엣! (^^)

"눼~~ 현수 삼오온~
감솨합니더~~"

"으아~~ 따복!
니 누굴 닮아서 이리 이쁘노!"

따복이 : 어으! 으헷!

"네~ 삼초온!

세상에서 제일 이~~~쁜 울 엄마 닮았슴죠~~"

"그래~~ 현수야!
같이 등교하던 날이 엊그제 같은데~
벌써 세월이 20년 가까이 흘렀다이?"

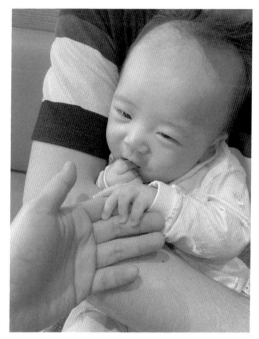

우리 예쁜 따복이♥

"그래~ 니 기억나나?
등곳길에 있던 외양간!"

"와~~ 당연히 기억하지!
안 그래도 고향 집 갔을 때, 사~알~ 산책하면서 찍어와 봐따!
바바라~!"

"와… 쥔짜~~ 촌놈들 출세했제~ (ㅋ.ㅋ)
이때만 해도 여서 이렇게 볼 줄 알았겠나?"

등곳길 외양간

"그래~ 여서 유치원, 초등학교, 중학교를 다 나왔는데!
촌놈들~ 촌티 문덴다고 욕봤제~~! (ㅋ.ㅋ)"

현수와 추억을 나누는 동안 지난 세월이 다가와 포옹해 주는 것이 느껴
졌다.

따복이 : 뿌에엥~~!!

"어?! 따복! 니 왜 우는데?
뭐가 문제고!"

"아 졸린 거 아이가?!"

(빰바빠라람! 빨바빠라밤! : 수유텀 알람)

"아이고~~ 벌써 분유 먹을 시간이네!
따복! 있어봐래이~
(가져온 보온병을 꺼내면서) 아빠가 분유 타 줄게~!"

따복이 : 흐윽! 흐윽!

"이야~~ 배꼽시계가 정확~~~ 하네!"

"으잉?
뭐꼬… 분유가 집에 있네…! (ㅠ.ㅠ)"

"아~~맞나! (ㅋ.ㅋ)
그라믄 사알~ 일어나자 이제!
이만하면 오래 봤다!"

"허허허~ 아쉽네…
그래! 그라믄 일어나입시더~"

"니 차 타고 왔나?"

"차에 문제가 좀 있어가~~
그냥 걸어와따!
어차피 요~~ 앞인데~"

"여서 느그 아파트 보이나?"

"아~ 보이는 건 아인데~~"

"그라믄 내가 태워줄게!
가자!"

"이야~~~ 이거 완전 멋쟁이 아이가!
고맙데이~!"

"이게 봐로~~~ 친구 아이가!
친구!"

현수야, 덕분에 집에 편하게 왔네.

정말 고맙다.

운전 조심해서 돌아가고!

우리 촌놈들 앞으로도 자주 연락하면서 지내자!

모교(중학교)

13

배터리 방전

자동차 배터리가 방전돼서 보험을 불렀다.

(띵동! : 스마트폰 알람)

"여보! 여보!
보험 출동 배정됐어!
내려가자~"

"뭘 같이 내려가… (___)
혼자 내려가면 되지!"

"그냥 같이 내려가고 싶어서 그러지~"

"보험 차 도착했겠다…
얼른 내려가~"

"에이~ 그러지 말고!
예쁜 누나! 같이 내려가자~"

"아니야~ 나 지금 외출 준비하고 있잖아…
화장도 해야 하고, 옷도 입어야 하고,
그냥! 혼.자.내.려.간.다~~ 실시~!"

"실시…!"

지하 주차장에 보험 차량이 도착했다.

보험사 직원 : 예~ 배터리 방전 맞으시죠?

"네네~~
잘 부탁드려요~!"

삐뽀삐뽀! 출동!!

보험사 직원 : 아 네네~

　　　　　보닛 열어 볼게요!

"네네~~"

보험사 직원 : 차가 언제부터 서 있었죠?

"음… 한 삼사일 정도 된 거 같은데….'

보험사 직원 : 아~~~ 그래요?

　　　　　흠… 보니깐 배터리 수명이 얼마 안 남은 거 같네요~

"아! 아니다!
저번 주 목요일부터 램프 켜진 채로 있었으니깐 한 일주일 됐네요!"

보험사 직원 : 아하… (ㅎ.ㅎ);;

쓰읍~~ 그래도 일주일 만에 방전된 거면 교체가 필요해
보이긴 합니다~

(스르륵! : 지하 주차장 공용 현관문 열리는 소리)

"어? 여보~~"

"배터리 점프 다 끝났어?"

"지금 하고 있어 여보!
근데… 배터리 교체해야 한다는데?"

"잉…?
무슨 소리야… (˘_˘)
6개월 전에 교체했었잖아!"

"아 그랬나…?

언제 교체했었대…?"

"하여간…진짜… 일 처리 좀 잘합시다!"

보험사 직원 : 저… 선생님…?

　　　　　　배터리 점프 끝나서 가보려고 합니다….

"네~ 고생하셨습니다."

점프 : 방전된 배터리를 살리는 작업

"근데… 당신은 어디 가는 거야…?"

"카페 모임!
어? 얼른 출발해야겠다.
따복이 카시트에 좀 앉혀줘!"

"옛썰!
잘 다녀와~! (^^)"

카페 모임 출발! (행복이 차)

갑자기 육아휴직을
쓰게 되었습니다

초판인쇄 2025년 1월 19일
초판발행 2025년 1월 19일

지은이 남유복
펴낸이 채종준
펴낸곳 한국학술정보(주)
주 소 경기도 파주시 회동길 230(문발동)
전 화 031-908-3181(대표)
팩 스 031-908-3189
홈페이지 http://ebook.kstudy.com
E-mail 출판사업부 publish@kstudy.com
등 록 제일산-115호(2000. 6. 19)

ISBN 979-11-7318-166-5 03040